中国（城市）—中东欧国家
开放创新合作
研究报告
2023

科技部科技评估中心
中国—中东欧国家创新合作研究中心　著

中国农业科学技术出版社

图书在版编目(CIP)数据

中国(城市)—中东欧国家开放创新合作研究报告.2023/科技部科技评估中心,中国—中东欧国家创新合作研究中心著.--北京：中国农业科学技术出版社,2023.11
ISBN 978-7-5116-6499-0

Ⅰ.①中… Ⅱ.①科…②中… Ⅲ.①国际合作-经济合作-研究报告-中国、欧洲 Ⅳ.①F125.55

中国国家版本馆CIP数据核字(2023)第205523号

责任编辑　朱妍婕
责任校对　马广洋
责任印制　姜义伟　王思文

出 版 者	中国农业科学技术出版社
	北京市中关村南大街12号　　邮编：100081
电　　话	(010) 82105169 (编辑室)　　(010) 82109702 (发行部)
	(010) 82109709 (读者服务部)
网　　址	https://castp.caas.cn
经 销 者	各地新华书店
印 刷 者	北京建宏印刷有限公司
开　　本	170 mm×240 mm　1/16
印　　张	9.5
字　　数	118千字
版　　次	2023年11月第1版　2023年11月第1次印刷
定　　价	78.00元

◆ 版权所有·翻印必究 ◆

《中国(城市)—中东欧国家开放创新合作研究报告(2023)》

编委会

主　任：聂　飙　费小琛

编　委：杨　云　邵千钧　王　波　邵万清
　　　　任孝平

编写组

组　长：任孝平　王　波

副组长：李子愚　邵万清

成　员：刘淑窕　周小林　南　方　曲敖廷
　　　　张大康　迟婧茹　孟繁超　韩炳阳
　　　　沈云怡　宋雨奇　王　珺　杨　剑
　　　　俞志成

前　言

改革开放40多年来，具有中国特色的创新型城市如雨后春笋般崛起。2012年以来，中国实行了更加积极主动的开放战略，以高水平开放有力促改革促发展。开放、创新、合作在为全球繁荣发展注入强劲动力的同时，也推动了创新型城市的社会经济高质量发展。

在中国与中国城市的对外开放与创新合作中，中国—中东欧国家合作机制是具有重要影响力的跨区域合作平台，在中国的多边外交和对外科技合作中具有鲜明特点和独特价值。2012年以来，我国与中东欧国家贸易年均增长8.1%，自中东欧国家进口年均增长9.2%。2022年，双边贸易总值高达9 210亿元（同比增长9%），成为中欧合作的重要组成部分。2021年2月，习近平主席首次出席并主持中国—中东欧国家领导人峰会，开启了我国同中东欧国家关系发展和创新合作的新阶段。2023年是中国—中东欧国家合作机制第二个十年的起步之年，也是中国同中东欧国家关系发展，以及开启创新合作新阶段的开局之年。总结中国城市与中东欧国家的创新合作动力和经验，研究如何以科技创新塑造中国—中东欧国家合作机制高质量发展新动能，可以为深化和发展中国与中东欧国家关系指明方向，对中国、中东欧国家，乃至全球的城市发展具有重要的借鉴意义。

科技部科技评估中心与中国—中东欧国家创新合作研究中心组成研究团队，对中国城市与中东欧国家开放创新合作现状、优势和短板进行了全面分析和总结，形成了《中国（城市）—中东欧国家开放创新合作研究报告（2023）》（以下简称"报告"）。报告共分为四部分。第一部分背景意义篇，主要对开放创新合作的时代背景、与中东欧国家开放创新合作的现状、中国城市与中东欧国家开放创新合作研究的意义等内容进行了阐述。第二部分指数研究篇，研制了"中国（城市）—中东欧国家开放创新合作指数"，对中国24个城市与中东欧国家的开放创新合作程度进行综合测度分析。第三部分科研合作篇，主要通过文献计量的方式，对中国与中东欧各国科研论文合作情况、中国重点城市与中东欧国家科研论文合作情况进行了深入分析。第四部分附录，对中国（城市）—中东欧国家开放创新合作指数指标进行了详细解释，同时提供了中东欧各国科技创新、开放创新合作的统计数据。

在撰写本书的过程中，我们获得了宁波市科学技术局的支持，国内外专家和学者也给予了不同形式的帮助，他们是（按照姓氏笔画排序）龙静、邢继俊、余海东、尚宇红、赵会荣、郝敏、柯静、贾瑞霞、夏传信、徐侠民、程如烟和谢远涛。在此对他们的关心和支持表示诚挚的谢意！

本报告是对中国（城市）—中东欧国家开放创新合作进行综合研究的第一个成果，难免存在不完善之处，敬请广大读者批评指正。

报告编写组
2023年9月

目　　录

第一章　背景意义篇 ……………………………………… 1
一、开放创新合作的时代背景 …………………………… 1
二、中国与中东欧国家的开放创新合作现状 …………… 3
三、中国（城市）—中东欧国家开放创新合作指数 …… 6

第二章　指数研究篇 ……………………………………… 9
一、指数研究方法与对象 ………………………………… 9
二、中国城市与中东欧国家的开放创新合作版图 ……… 13
三、中国城市与中东欧国家的开放创新合作表现 ……… 22
四、中国城市群对中东欧国家的开放创新合作表现 …… 73

第三章　科研合作篇 ……………………………………… 82
一、中国与中东欧国家的科研合作 ……………………… 82
二、中国城市与中东欧国家的科研合作 ………………… 89

参考文献 …………………………………………………… 98

附录Ⅰ 中国（城市）—中东欧国家开放创新合作指数
指标解释 ·· 99

附录Ⅱ 中东欧国家科技创新数据 ·························· 106

附录Ⅲ 中东欧国家开放创新合作数据 ····················· 122

后　记 ··· 143

第一章 背景意义篇

本篇通过分析中国开放创新合作的时代背景、梳理中国与中东欧国家开放创新合作的现状、总结中国（城市）—中东欧国家开放创新合作指数（以下简称"指数"）构建的必要性几个角度，阐述了本研究报告的背景和意义。

一、开放创新合作的时代背景

扩大国际科技交流合作，加强国际化科研环境建设，形成具有全球竞争力的开放创新生态，是中国携手各国应对世界之变、历史之变、时代之变中所选择的发展路径。

尽管大国博弈、新冠疫情打破了全球化既有的进程，但全球化的趋势无可阻挡。当前正值全球经济曲折复苏之际，还是国际形势如何变化，无论人类社会发展遇到什么样的挑战，未来全球可持续、高质量发展的动力源于创新越来越成为各国的共识。在全球化背景下，推动创新发展必须走开放合作之路。从国家层面，开放创新合作有助于经济、社会、文化、教育、科技、人才等各领域的高质量发展，科技创新体系的高质量开放，也会极大地促进各类科技创新合作成果惠及更多国家和人民。从区域层面，开放创新合作有利于强化区域间的对接联动，扩大区域协同创新范围，促进区域内外的要素自由流动，提升区域协同创新水平，并以此带动区域整体创新实力提升和创新共同体建设，进而形成梯次联动的区域创新布局。从城市层面，开放创新合作是城市创新发展的重要推动力，创新城市间的要素交流融合、紧密合作将有助于形成互利共赢、共同发展的城市群创新生态，以点带面形成更多创新城市增长点和增长极。

与此同时，全球科技创新进入空前密集的活跃时期，呈现高速发展与高度融合态势。在新一轮科技革命和产业变革的关键时期，以知识传播、扩散和国际科研合作为主要形式的科学全球化趋势仍将持续，以"数字化""智能化"为特征的第四次工业革命将持续对全球产业分工格局带来深刻影响。科技创新全球化主体将更加多元，研发和创新组织方式、形态将更加多维，创新投资和科技人才流动形式将更加多样，国家和地区间的科学交流和合作会更加难以分割，创新链上不同主体之间的技术连接、组织联系、分工合作、人才网络将更加紧密，推动世界在更大范围、更深程度上"链接"。国内外创新城市需要加速向"开放创新"的发展模式转变，从产业更新换代、科研合作和技术引进，到教育国际化和全球配置人才智力资源。

回望人类历史发展进程，全球顶尖创新城市，无不是勇敢拥抱国际化和开放创新，有效整合全球创新资源要素。只有营造更具包容度和吸引力的创新生态，才能在开放环境下促进各类创新主体的协同互动、创新要素的顺畅流动、创新资源的高效配置。一方面，规制标准的国际对接、国际化科研环境的构建、宜居宜商宜业环境氛围的营造，都将最终反哺城市科技、产业、人才和创新实力的提升。另一方面，科技创新合作、产业开放融通、外资企业扎根、人才智力汇聚，资源要素流动、生态环境营造等，都是开放创新和加快建设现代化社会的必经之路。同样，创新型城市的发展也必然需要携手国内外合作伙伴，共同搭建开放包容的合作平台、共同激活创新引领的合作动能、共同分享创新发展的合作成果，建立和培育城市政府，高校、院所和企业，国际组织和外资企业等多元主体间的多样化伙伴关系，不断加强在政策沟通、人文交往、智库交流、科研合作、知识创造、产业创新，以及数字经济、营商环境等方面的合作，不断形成更多务实合作成果，共创城市繁荣美好的未来。

二、中国与中东欧国家的开放创新合作现状

中东欧国家位于欧洲中东部，是连接亚欧大陆的重要纽带。中国与中东欧国家有着深厚的历史联系，发展优势互补、合作需求强劲、彼此是天然合作伙伴。中国—中东欧国家合作机制是中国与中东欧国家根据共同意愿、着眼于共同需求、共同发展，携手打造的跨区域合作平台，自2012年合作机制成立以来，展现出蓬勃活力和强大韧性。2016年至今，中国—中东欧国家创新合作大会已成功举办五届。2019年至今，中国—中东欧国家博览会已成功举办三届，对强化中国—中东欧国家双边关系、深化开放创新合作发挥了重要作用，有力落实了中国—中东欧国家领导人会晤达成的共识。

在进出口贸易方面，数据显示，中国对中东欧国家进出口总额已从2014年的3 694.4亿元增长到2022年的9 210.5亿元（图1-1），近十年时间增长了2倍多。其中机电产品占进出口总值的70%左右，体现了双方贸易合作的高水平和含金量。中国—中东欧国家

贸易综合指数从 2015 年的 133.3 增长至 2022 年的 318.44，上涨 139%，显示出中国与中东欧国家经贸合作动力强劲、空间广阔。

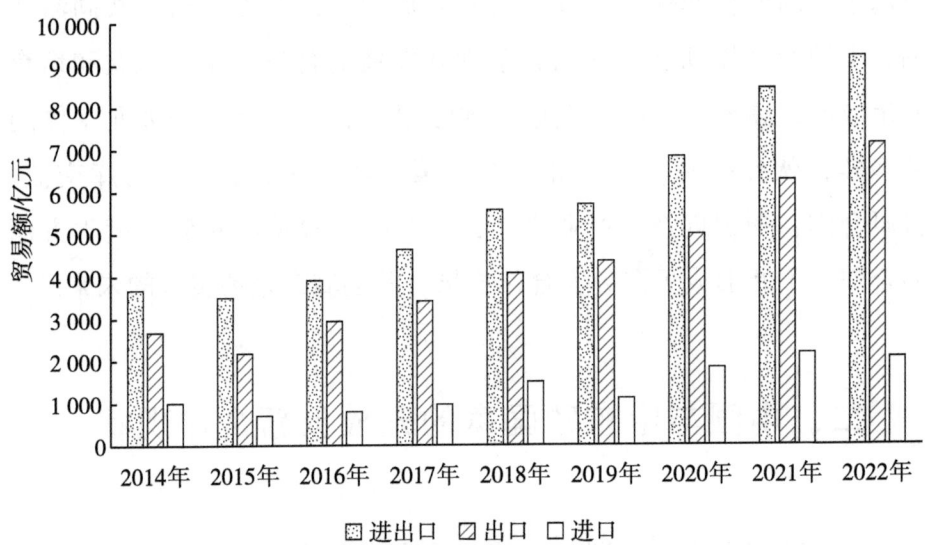

图 1-1　2014—2022 年中国对中东欧国家进出口贸易情况

（数据来源：中国海关总署）

在双向投资方面，2021 年，中国对中东欧国家直接投资流量达 36 040 万美元（图 1-2）。截至 2023 年，中国同中东欧国家双向投资规模更是接近 200 亿美元，涉及汽车零部件、家电、医药、物流、能源、矿产等行业领域。2021 年以来，中国企业在中东欧国家的风电、光伏等领域累计投资超过 40 亿欧元[①]，涉及新能源整车、锂电池、零部件生产等行业领域。2022 年 9 月，宁德时代投资 73.4 亿欧元在匈牙利建设电池工厂，为当地带来巨大的经济发展动力和民生福祉，也将对中国与中东欧国家新能源合作产生积极示范效应。此外，中国—中东欧国家经贸合作示范区、中国—中东欧国家中小企

---

① 参考中国电力规划设计总院发布的《中国—中东欧能源合作报告》。

业合作区、中国—中东欧国际产业合作园等的建设,也带动了双方投资合作潜力不断释放。

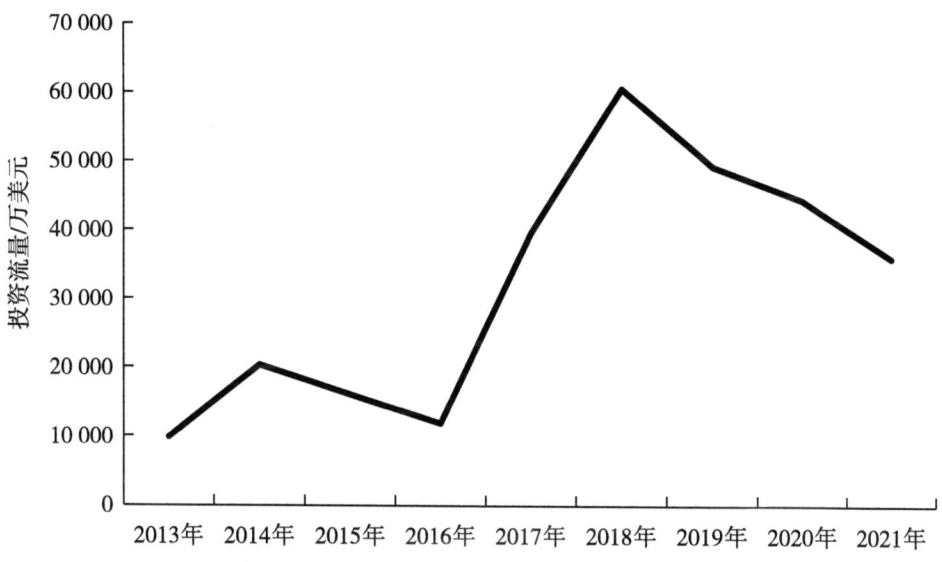

图 1-2　2013—2021 年中国对中东欧国家直接投资流量
(数据来源:《2021 年度中国对外直接投资统计公报》)

在科技创新合作方面,中国与中东欧国家在物理学、化学、工程、临床医学、数学等学科的科研合作活跃。过去 10 年间,中国与波兰、捷克、希腊和匈牙利的科研合作已形成了一定规模。以中国—匈牙利脑科学"一带一路"联合实验室、中国—罗马尼亚农业合作"一带一路"联合实验室等为代表的科研合作平台,有力支撑了双方的合作领域、合作模式不断升级。此外,各方在疫苗研发、专家交流、防疫物资援助等方面的务实合作卓有成效,为增进民生福祉、推动繁荣发展作出了积极贡献。

在文化和人文交往方面,双方共同打造了以中国—中东欧国家青年科技人才论坛、中国—中东欧国家首都市长论坛等为代表的交流平台，为推动彼此互信互利提供了文化滋养，为深化其他领域交流合作奠定了深厚民意基础。

与此同时，以北京、上海、深圳、成都、广州和宁波等为代表的一批中国创新城市，通过搭建各类文化、信息和人文交流平台，开展国际科技合作对接服务，举办创新创业大赛和构建技术转移和孵化网络等，积极服务中国城市与中东欧国家的开放创新合作，进而支撑中国与中东欧国家的科技产业交流合作。

三、中国（城市）—中东欧国家开放创新合作指数

随着创新能力在国家综合竞争力和高质量发展中的重要性日益突显，对创新体系整体水平和效能进行评估，已成为政府和学界共同关注的焦点。当前，用于衡量一国创新能力的综合指数包括：《全球竞争力报告》（GCR）[1]、《全球创新指数》（GII）[2] 以及国内的《国家创新指数报告》《中国创新指数》[3]《国家创新力测度框架》等。评价区域层面的科技创新实力的指数包括《国家创新型城市创新能力指数》《上海科技创新中心指数》等。与此同时，评价国家、区域或城市开放创新合作的水平和现状的相关指数，尚未见诸业界。

一方面，从学术研究的角度看，现有综合指数普遍基于研发和创新活动，从科技投入、产出、效益及环境等维度构建国家或区域

---

[1] 全球竞争力报告是由世界经济论坛（WEF）于1979年创新并发布的。
[2] 全球创新指数（Global Innovation Index，GII）是世界知识产权组织、康奈尔大学、欧洲工商管理学院于2007年共同创立并发布。
[3] 由中国国家统计局社科文司课题组研究设计。

层面的创新指标框架，其中或包含部分国际化或开放合作的分项指标，但主要服务于综合指数，无法充分反映国家或区域层面对外开放与创新合作的现状。部分指数如《中国区域对外开放指数》尝试从开放的角度反映区域对外开放水平，但未有效兼顾"开放"和"合作"两类因素，同时缺乏研发和创新方面的内容，未能将"创新合作"在扩大开放、推动发展过程中的优势体现出来，因此不足以客观充分地反映在开放的大环境下，国家（区域）创新合作的整体现状和效能。

另一方面，指数研究是当代经济学、社会学中广泛运用的一种定量分析评估工具（方法），对于引导政策制定具有特殊的影响力，也是衡量一个国家（区域）智库发展水平的重要体现。当前在全球范围内，具有广泛影响力的指数均掌握在极少数发达国家或国际组织智库手中，体现了西方主导的价值观念。随着中国综合实力的提升和国际影响力的日益广泛，面向全球发布符合发展中国家普遍价值观、体现"开放、包容、互惠、共享"理念的指数，应该成为大国智库或评估、研究机构共同努力的方向。

2021年，中国国家主席习近平在中国—中东欧国家领导人峰会上提出"我们要坚持科技创新"，同时倡议成立中国—中东欧国家创新合作研究中心、举办中国—中东欧国家青年科技人才论坛。中国（城市）—中东欧国家开放创新合作指数，选择从城市层面入手研究与中东欧国家的开放创新合作，其目的和意义正是在于深入贯彻落实中国—中东欧国家领导人会晤精神，从城市"颗粒度"测度中国城市对外"开放"的形势和状态、"创新"的实力与生态以及"开放""创新""合作"带来的中国与中东欧国家之间合作的进展及成效，以开放创新指数排名彰显开放创新发展在中国城市创新能级提升和对外交流合作中的关键作用。通过研制和发布指数，形成反映我国重点城市与中东欧国家合作质量与趋势的"晴雨表"，彰显与中东欧国家开放创新合作基础实、效果好、潜力大的一批中国城市，在持续构建具有全球竞争力的开放创新生态、引领开放创新合作方面的成效和实力，进而促进各创新城市互学互鉴、增强开放创新活力、提高城市地位和国际影响力，提升城市对全球科技创新要素的吸引力，为城市高质量发展持续赋能。

第二章 指数研究篇

本篇基于中国城市与中东欧国家开放创新合作的主要特征，构建了中国（城市）—中东欧国家开放创新合作指数体系，对24个中国城市与中东欧国家的开放创新合作水平进行测算评估，并就测算结果进行了深入的分析解读。

一、指数研究方法与对象

中国（城市）—中东欧国家开放创新合作指数秉承"科学客观、国际可比、数据驱动、服务决策"的原则和宗旨，采用可公开获取的统计数据和研究资料，合理借鉴和吸收"全球创新指数""全球竞争力指数""国家创新指数""世界人才排名""彭博指数"等国内外知名指数的评价方法，以开放创新合作为主题，遵循"搭建理论模型—确立指数框架—确定指标权重—检验计算结果"的指数研制标准流程，构建了符合中国城市与中东欧国家创新合作特点的复合型指数框架和测度方法。

（一）研究方法

在指数研究方法上，首先以对外开放、科学体系的开放、智力流动、技术转移等理论的最新研究成果为依据，明晰新时期开放创新合作的理论内涵。其次，强调开放创新不仅需要建立良好的开放沟通机制和环境，反映切实的合作机制与合作内容，还需具备必要的创新能力和创新生态，才能获得较好的成果成效。同时注重归纳中国城市与中东欧国家开放创新合作的主要内涵和典型要素，既关注"硬"联通（如设施联通），又关注"软"建设（如政策融通、智力流动）以及面向中东欧的开放合作规模和质量。此外，研究过程中突出科技创新要素，注重考核城市科学、技术、创新的实力，以及国际化营商环境建设状况。

在指数体系构成上，研究团队基于科技评估"投入-活动-产出"经典逻辑模型，构建了包括3个一级指标、10个二级指标、26个三级指标的中国（城市）—中东欧国家开放创新合作评价指标体系。3个一级指标分别为开放沟通与交流、创新实力与生态、合作成果与成效。其中，开放沟通与交流下设政策融通、设施联通、民心相通3个二级指标和7个三级指标。创新实力与生态下设科技创新、引才环境、创新生态3个二级指标和9个三级指标。合作成果与成效下设智力流动、项目平台、知识创造、产业创新4个二级指标和10个三级指标。指标体系详见表2-1。

表 2-1　中国（城市）—中东欧国家开放创新合作指数指标体系①

一级指标	二级指标	三级指标
开放沟通与交流（S1）	政策融通（S101）	与中东欧国家的高层往来活跃度（S10101）
		面向中东欧国家的研究智库（S10102）
	设施联通（S102）	与中东欧国家的航空便利度（S10201）
		与中东欧国家的铁路便利度（S10202）
	民心相通（S103）	与中东欧国家的交流密切度（S10301）
		对中东欧国家的关注度（S10302）
		与中东欧国家的建立友好城市关系（S10303）
创新实力与生态（S2）	科技创新（S201）	科技创新整体实力（S20101）
		全职科研人员（S20102）
		国际科研合作活跃度（S20103）
		国际专利活跃度（S20104）
	引才环境（S202）	人才吸引力（S20201）
		国际化学术交流（S20202）
	创新生态（S203）	吸引外资（S20301）
		数字化建设（S20302）
		国际化营商环境（S20303）
合作成果与成效（S3）	智力流动（S301）	面向中东欧国家培养人才（S30101）
		面向中东欧国家科研人员交流活跃度（S30102）
		吸引中东欧国家人才（S30103）
	项目平台（S302）	面向中东欧国家的科研项目合作（S30201）
		面向中东欧国家的创新合作平台（S30202）
	知识创造（S303）	与中东欧国家的科研合著论文（S30301）
		对中东欧国家的科研合作强度（S30302）
		与中东欧国家的合著论文影响力（S30303）
	产业创新（S304）	面向中东欧国家的进出口规模（S30401）
		面向中东欧国家的高新产业出口规模（S30402）

在指数的科学性和稳健性方面，本研究采用定量与定性相结合的方法检验了指数结构、指标赋权和计算结果。从指数结构看，信度和效度分析对各级指标独立性和相互支撑性的检验情况显示，指

---

① SX、SX0X、SX0X0X 分别代表一、二、三级指标，如 S1 指一级指标，S10X 指一级指标下面第 X 个二级指标，S1010X 以此类推。

数各级指标的信度较高，克隆巴赫系数均超过 0.8；KMO 检验与 Bartlett 球形检验的结果也显示较为适合进行因子分析，效度较好。从指标赋权看，应用等权重，以蒙特卡洛方法分别模拟加权几何平均和加权算术平均条件下，权重系数在 10% 范围内波动的不同情况，各城市得分结果在［0.05 至 0.95］的分位数仍具有相对较好的稳定性。从计算结果看，二级指标与总指数的关系，以及三级指标与总指数、一级、二级指标的关系均显示出明显的正向相关，总体上具有较好的稳定性与显著的一致性。由此可认为，指数体系构成和各级指标赋权都具有合理性和可信性，指数计算结果具有稳健性和可重复性。

（二）研究对象

指数分析与中国开展创新合作的中东欧国家包括阿尔巴尼亚、波黑、保加利亚、克罗地亚、捷克、希腊、匈牙利、黑山、北马其顿、波兰、罗马尼亚、塞尔维亚、斯洛伐克、斯洛文尼亚 14 个国家。

综合考虑中国与中东欧国家合作机制中各城市的活跃度、科技创新实力、开放创新现状，以及人口规模和经济体量等多方因素，本指数选取了中国的 24 个城市（表 2-2）参与首次指数研究。

表 2-2 参与指数研究的城市名单

序号	城市名称	序号	城市名称
1	北京	13	济南
2	上海	14	杭州
3	天津	15	大连
4	重庆	16	青岛

(续表)

序号	城市名称	序号	城市名称
5	广州	17	深圳
6	武汉	18	厦门
7	哈尔滨	19	宁波
8	沈阳	20	沧州
9	成都	21	苏州
10	南京	22	无锡
11	西安	23	义乌
12	长春	24	东莞

为了进一步呈现中国不同区域城市对中东欧国家的创新合作表现，本报告将24个城市分别划分为：京津冀城市群（北京、天津、沧州）、长三角城市群（上海、南京、杭州、苏州、宁波、无锡、义乌）、珠三角城市群（广州、深圳、东莞）、成渝城市群（重庆、成都）、东北三省城市群（哈尔滨、长春、沈阳、大连）、山东半岛城市群（济南、青岛）、关中平原城市群（西安）、长江中游城市群（武汉）以及海峡西岸城市群（厦门）。

二、中国城市与中东欧国家的开放创新合作版图

（一）开放创新合作整体态势

从中国城市与中东欧国家开放创新合作的整体表现来看（图2-1），北京、上海、深圳形成与中东欧国家开放创新合作的第一梯队（图2-2）。其中北京作为中国的政治、文化、国际交往和科技创新中心，是与中东欧国家开放创新合作水平最高的城市。上海

作为长三角地区的重要城市,始终以打造具有全球影响力的国际科技创新中心为目标,在中东欧开放创新合作中也不断挖掘潜能和优势,总体表现位列全国第二。深圳作为改革开放中发挥先行先试作用的城市,立足自身优势积极开展与中东欧国家的创新合作,总体表现位居全国第三。

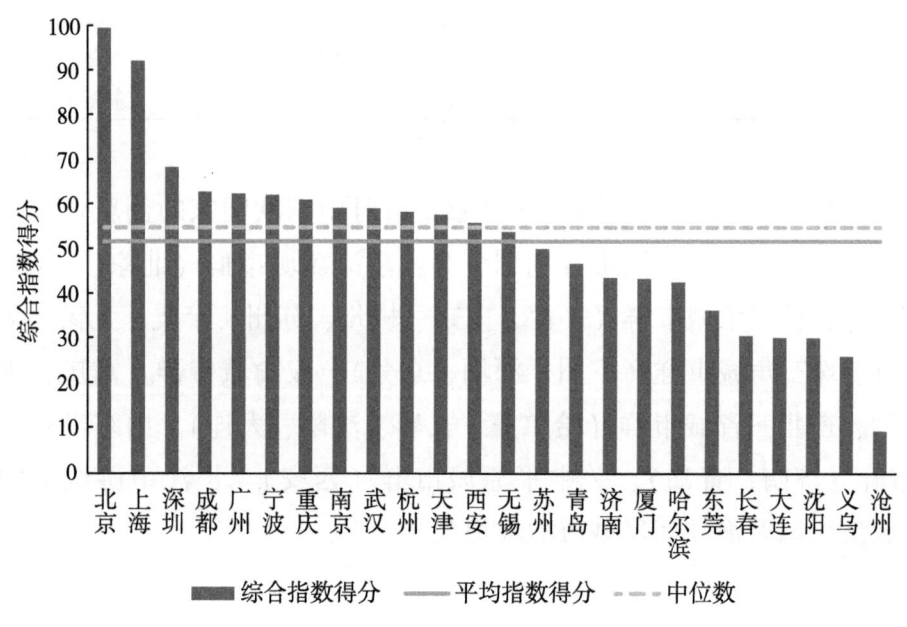

图 2-1 中国城市与中东欧国家开放创新合作水平

成都、广州、宁波等 9 个城市是中国城市与中东欧国家开放创新合作的第二梯队。其中,成都大力实施"四向拓展、全域开放"战略部署,加快培育开放合作新优势,与中东欧国家合作位列全国第四。广州以粤港澳大湾区建设为引领,充分发挥广东自贸试验区先行先试平台,在与中东欧国家的合作中位列全国第五。宁波在与中东欧国家的开放创新合作中具有先发位势,同时港口优势明显、传统制造业发达,与中东欧国家贸易互补性很强,位列全国第六。重庆充分发挥区

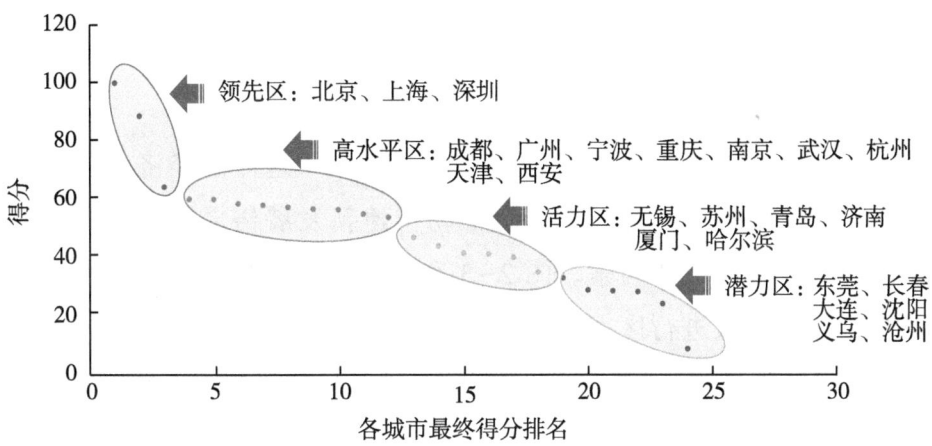

图 2-2 中国城市与中东欧国家开放创新合作得分梯队分布

位优势,在机制建设、经贸网络、双向投资和人文交流等领域开展与中东欧国家的合作,位列全国第七。南京作为东部地区重要中心城市和"一带一路"重要交汇枢纽,不断挖掘与中东欧国家的对接潜力,位列全国第八;武汉作为"长江中游城市群"的核心重要城市,在数字经济、金融科技、节能环保等领域培育与中东欧国家创新合作的增长点,位列全国第九;杭州不断拓宽与中东欧国家的合作领域、丰富合作形式、深化合作内容,与宁波遥相呼应上演杭甬"双城记",位列全国第十;天津不断深化与中东欧的人文合作,打造中东欧特色小镇,为中国与中东欧合作作出"津味"贡献,位列全国第十一;西安作为承东启西、联结南北的重要节点城市,在促进中国与中东欧互联互通中起到了重要的作用,位列全国第十二。

此外,无锡、苏州、青岛、济南、厦门、哈尔滨6个城市处于与中东欧国家开放创新合作的第三梯队,也具有强劲的合作活力。东莞、长春、大连、沈阳、义乌、沧州处于合作的第四梯队,未来参与中国—中东欧国家合作有相当的潜力和空间。

（二）开放创新合作与城市经济总量的关系

城市的 GDP 规模能直接或间接地反映一个地区的经济活动情况以及区域市场的空间和体量，是推动构建新发展格局、加速开放创新合作的核心基础性因素。图 2-3 和图 2-4 分别结合 GDP 和人均 GDP 对综合指数进行区间分析，坐标轴原点设置为横纵坐标的中位数值，以客观呈现不同经济总量的中国城市与中东欧国家开放创新合作的态势。

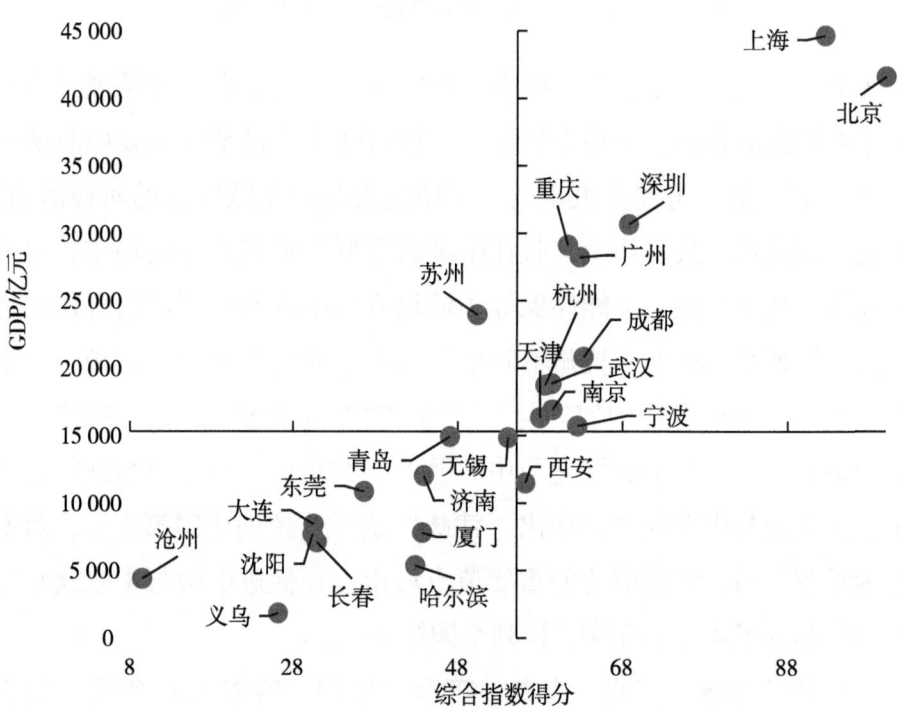

图 2-3　中国城市与中东欧国家开放创新合作水平（按 GDP 分析）

总体来看，北京和上海综合指数得分都与其 GDP 总量及人均

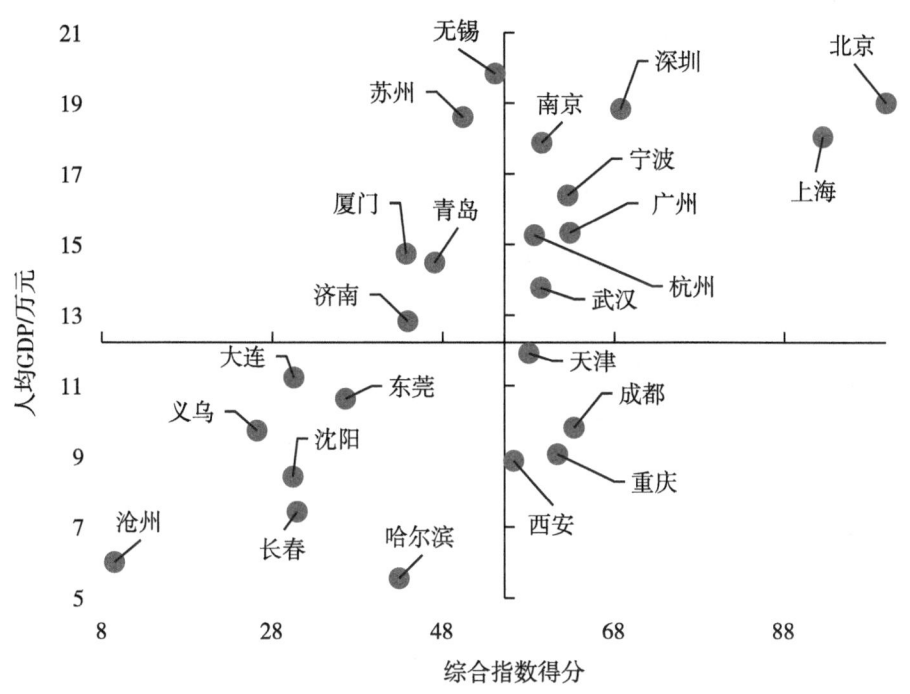

图 2-4 中国城市与中东欧国家开放创新合作水平（按人均 GDP 分析）

GDP 呈正相关，遥遥领先于其他城市。深圳、广州、重庆情况较为类似，综合指数也基本呈现 GDP 与总指数正相关。成都、宁波、南京、武汉、杭州、天津综合指数与城市 GDP 总量分布基本接近。人均 GDP 较高的宁波、南京、武汉、杭州综合指数表现也较好。

从图 2-3 的第四象限可以看出，虽然西安 GDP 排名位列 16 名，但是对中东欧国家的开放创新合作表现较好。结合图 2-4 从人均 GDP 的视角看，西安（20 名）也维持了同样的态势；其他人均 GDP 稍低城市如成都（17 名）、重庆（19 名）、天津（14 名）等，对中东欧国家的开放创新合作也呈现了较好表现。

图 2-3 第二象限显示出，GDP 规模较高的苏州，对中东欧开放创新合作未达到中位数水平。结合图 2-4，除苏州外，人均 GDP 较

高的无锡、青岛、厦门,对中东欧开放创新合作也未达到中位数水平,说明合作还有较大潜力和空间待挖掘。

总体来看,各城市面向中东欧的开放创新合作水平与城市经济发展水平有较强的一致性。大部分的城市开放创新合作排名与 GDP 排名、人均 GDP 排名趋势差异较小(图 2-5),其中深圳、广州和天津的开放创新合作排名与 GDP 排名完全一致。部分城市的开放创新合作水平超越了其经济总量水平,其中宁波最显著,哈尔滨、西安、成都、南京等城市也比较显著,说明这些城市面向中东欧国家的合作尤其活跃。

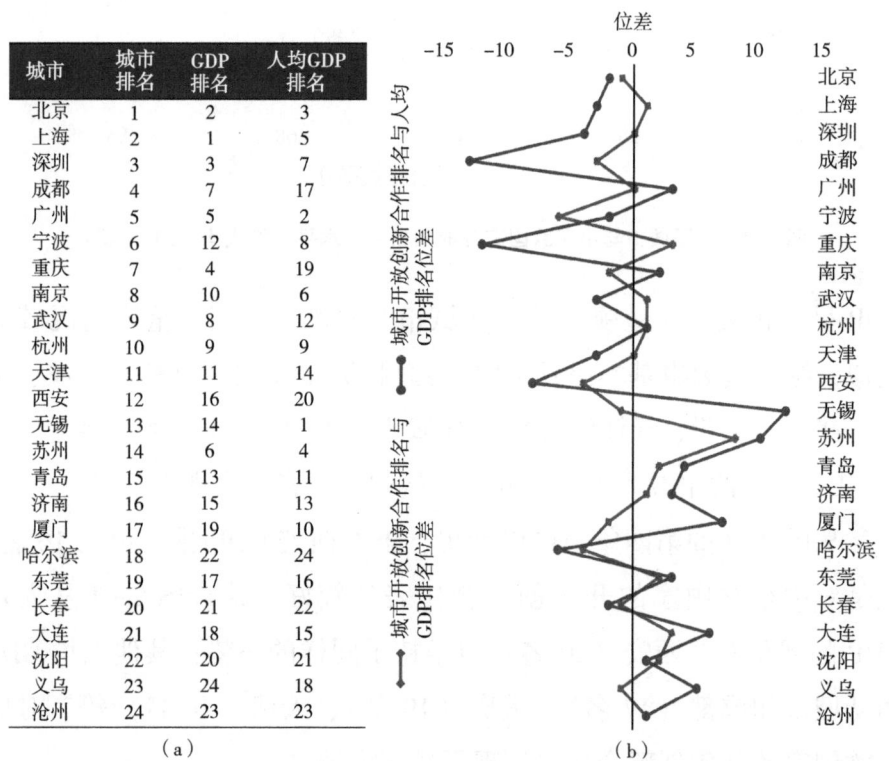

图 2-5 中国城市开放创新合作水平与 GDP 及人均 GDP 排名(a)及位差(b)

同时,各城市人均 GDP 与城市面向中东欧的开放创新合作排名差异性总体较大，没有排名完全一致的城市。其中，成都、重庆、西安、哈尔滨位差高达13、12、8和6位，显示了与中东欧合作较紧密的态势；而无锡、苏州、厦门、大连、义乌分别位差落后12、10、7、6和5位，合作尚待拓展。

（三）开放创新合作与城市研发投入的关系

R&D（研发）投入规模和投入强度是衡量国家和地区对科技创新整体情况的重要依据。分析综合指数排名和R&D投入的关系，可以看出一个城市的科技创新投入和科创活动对面向中东欧开放创新合作的带动作用。图2-6和图2-7是将R&D投入规模和R&D投入强度分别与综合指数进行交叉比较后的城市分布情况。坐标轴原点设置为横纵坐标的中位数值，以客观探索不同科技创新投入特点的中国城市与中东欧国家开放创新合作的情况。

总体来看，北京、上海和深圳的R&D投入规模与投入强度都与其综合指数得分呈正相关，表明科技创新对这些城市面向中东欧的开放创新合作整体效能拉动性很高。成都、广州、重庆、南京、武汉、杭州、天津、西安的R&D投入规模与总指数也呈正相关；南京、武汉、杭州、天津、西安和成都的R&D投入强度与综合指数得分正相关，说明这些城市的科技创新对开放创新合作整体效能的带动作用也较高。

图2-6第四象限显示，宁波的R&D投入规模（15名）和R&D投入强度（17名）在各城市中排名都相对靠后，但对中东欧国家的开放创新合作指数表现比较优秀；结合图2-7分析，广州（14名）、重庆（22名）的R&D投入强度较低，但综合指数排名呈现与宁波同

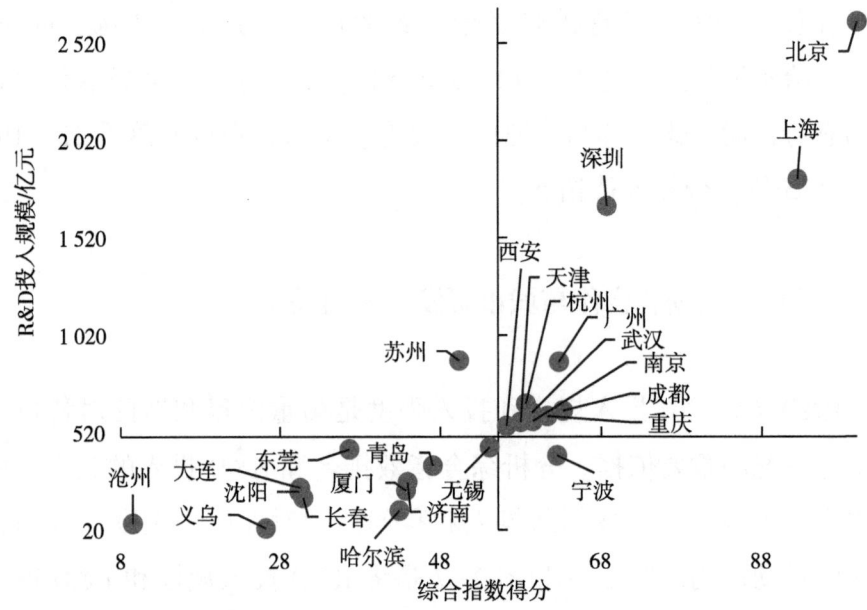

图 2-6 中国城市与中东欧国家开放创新合作水平（按 R&D 规模分析）

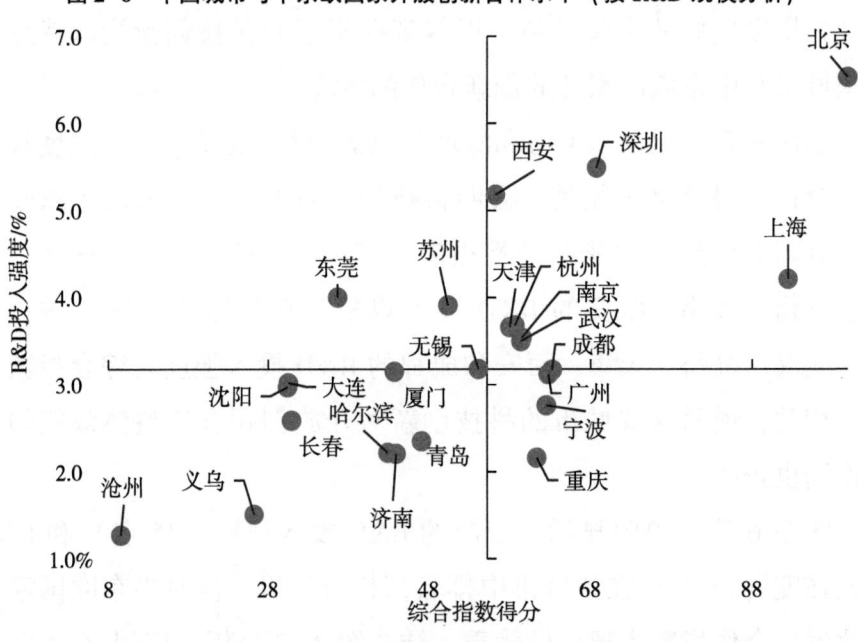

图 2-7 中国城市与中东欧国家开放创新合作水平（按 R&D 投入强度分析）

样的态势，说明贸易、政策和设施联通等其他开放创新合作要素，比科技创新对这些城市综合指数排名的贡献更大。

图 2-6 和图 2-7 第二象限显示，R&D 投入规模和强度都较高的苏州以及 R&D 投入强度较高的无锡、东莞对中东欧的开放创新合作都未达到中位数水平，说明合作尚有拓展空间。

总体来看，大部分城市的 R&D 投入水平与其面向中东欧国家的开放创新合作水平具有较强的一致性，R&D 投入规模排名、R&D 强度排名与综合指数排名差异较小（图 2-8）。其中，北京、上海、深

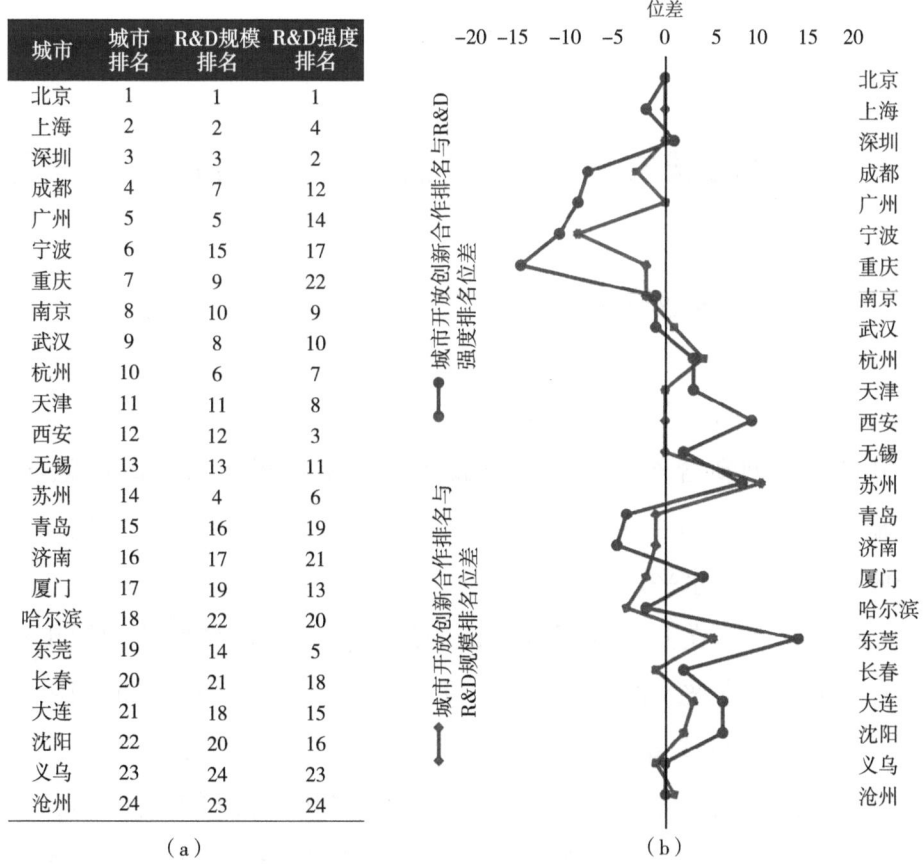

图 2-8 中国城市开放创新合作水平与 R&D 规模及 R&D 强度排名（a）及位差（b）

圳、广州、天津、西安和无锡的两者排名完全一致，说明科技创新对城市开放创新合作的贡献度整体较高。部分城市与中东欧国家的开放创新合作水平，远超其 R&D 投入规模水平，其中宁波排名位差最大，说明科技创新在促进城市开放创新合作方面尚有较大的潜力；苏州、东莞、杭州在 R&D 规模与开放创新合作排名的位差表现较好。同时，在 R&D 投入强度上，重庆、宁波、广州、成都的位差也较大，表明这些城市未来若能进一步提高 R&D 投入强度，在与中东欧国家的开放创新合作上将会有更大的发展；东莞、西安、苏州在 R&D 强度与开放创新合作排名的位差表现较好。

三、中国城市与中东欧国家的开放创新合作表现

（一）开放沟通与交流

各城市面向中东欧国家的沟通与交流，增进双多边认知和了解，是开展务实创新合作的基础。开放沟通与交流指数通过政策融通、设施联通和民心相通 3 个维度，反映中国主要城市与中东欧国家的开放沟通与交流水平。

综合来看，在开放沟通与交流一级指标中，排名靠前的城市有北京、上海、宁波、西安、成都、重庆、武汉、天津和广州（图 2-9）。其中北京在该指标上的得分显著高于第二名上海，体现出北京作为国家的政治中心和文化中心，长期服务国家高层对外交流，主动利用"中国—中东欧国家首都市长论坛"等交流活动，努力增进与其他中东欧国家城市间的互联互通、优势互补。除北京外，其他 8

个城市的得分表现均超过平均值,显示出这些城市与中东欧国家交流也比较密切,在与中东欧国家合作上具有较好基础。

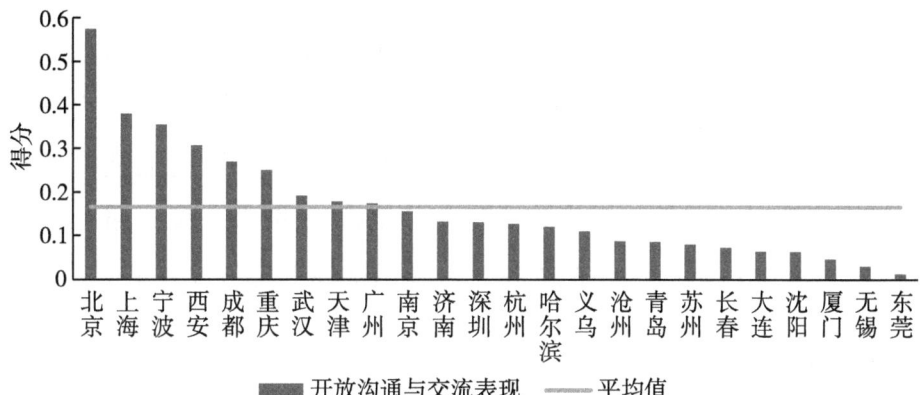

图 2-9　各城市在开放沟通与交流指标上的综合表现

具体来看,各个城市在细分指标上的优势各异(图 2-10)。北京围绕打造具有全球影响力的科技创新中心的目标,始终保持与中

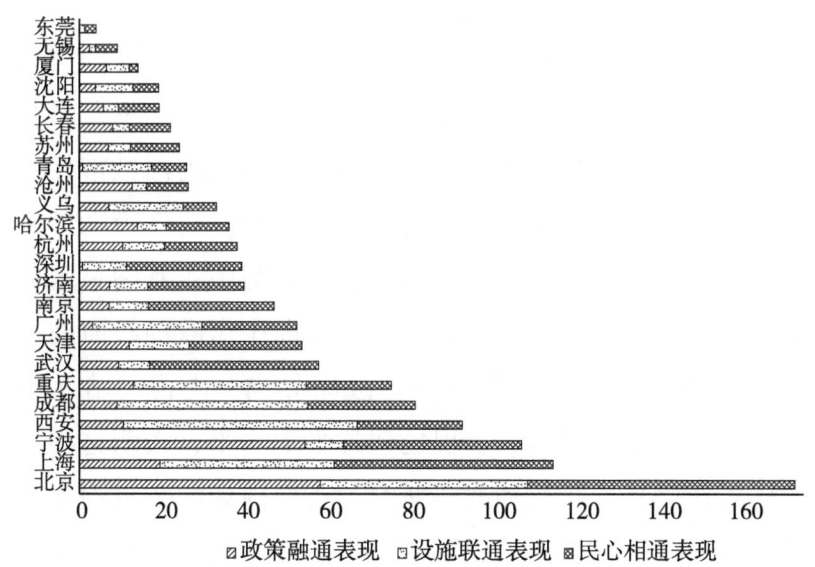

图 2-10　重点城市面向中东欧国家开放沟通与交流的分类表现

东欧国家在政策融通和民心相通上的领先优势,且在设施联通部分也表现优异,综合排名第一。上海在加快建设具有全球影响力的科技创新中心的过程中,积极推动国际文化交流,与中东欧国家在政策融通和民心相通方面表现良好,综合排名位列第二。宁波作为中国与中东欧合作的"桥头堡",在政策融通和民心相通方面表现尚佳,虽然设施联通相对较弱,但与中东欧国家在开放沟通交流指标上仍位列第三。此外,西安作为国家中心城市和"一带一路"重要枢纽,在设施联通方面的优势较大,在该指标上排名位列第四。

1. 政策融通

城市创新发展政策与中东欧国家发展战略和政策的对接,能有效促进中国城市的开放沟通与交流。政策融通指标通过与中东欧国家的高层往来、面向中东欧国家的研究智库数量两个维度,反映中国主要城市与中东欧国家的政策融通水平。

综合来看,在政策融通二级指标中,排名靠前的城市有北京、宁波、上海、哈尔滨、重庆和沧州等(图2-11)。其中北京与宁波为代表的第一梯队,在该指标上表现相近,体现出两城市在与中东欧国家的政策沟通和衔接方面具有明显的优势,有效带动了创新发展战略和政策机制的对接交流,助力稳固了与中东欧国家政府间合作的机制框架。特别是宁波市彰显了将面向中东欧的政府间合作作为城市开放创新合作重要着力点的战略导向。上海、哈尔滨、重庆、沧州和天津5个城市的表现也超过平均水平,表明这些城市与中东欧国家在以高层互访和战略研究为主要内涵的政策沟通方面也十分频繁畅通,凸显与中东欧国家合作的政策先行、保驾护航的意识和理念。

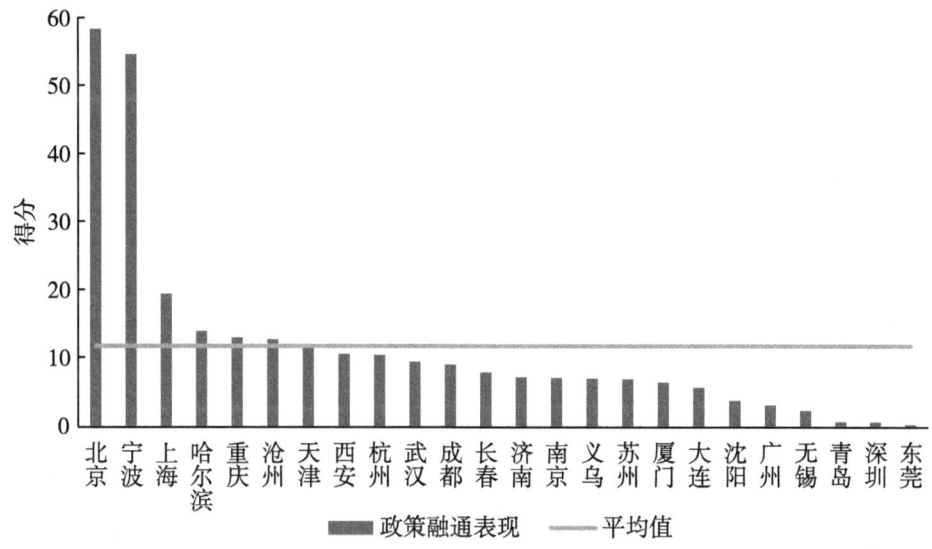

图2-11 各城市在政策融通指标上的表现

(1) 与中东欧国家的高层往来活跃度

高层交往在引领中国城市与中东欧国家关系高质量发展方面具有重要作用,能有效推动相互之间的政策衔接,支撑更大范围的开放沟通与交流。

综合来看,在与中东欧国家高层往来的三级指标中,排名前八的城市有宁波、沧州、哈尔滨、北京、义乌、苏州、天津、武汉(图2-12),其中前6个城市的表现超过平均水平。数据显示,宁波市在2016—2022年面向中东欧开展了大量的高层交往,是各城市中次数最多的。该指标得分显著高于其他城市,体现出宁波地方领导高度重视推动与中东欧国家在经贸、人文等领域的交流往来。沧州、哈尔滨、北京、义乌等城市,即使受疫情影响,仍积极通过线上方式加强与中东欧国家的高层联系与沟通,如沧州分别与波黑巴尼亚卢卡市副市长、北马其顿代米尔·希萨尔市市长召开线上视频会,探讨未来合作；哈尔滨近年来承办"中东欧国家驻华大使哈尔滨行"等活动，不断推动该市与中东欧国家的合作。

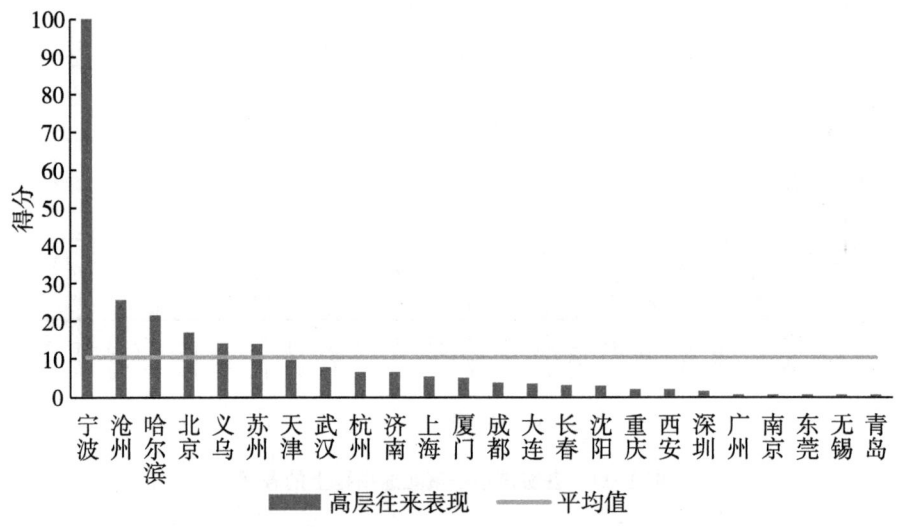

图 2-12 各城市在高层往来指标上的表现

（2）面向中东欧国家的研究智库

面向中东欧国家开展领域研究，有利于全面了解中东欧国家发展基本情况，精准对接发展需求，提升与中东欧国家开放沟通交流的质量与水平。

综合来看，在面向中东欧国家研究智库的三级指标中，排名前八的城市有北京、上海、重庆、西安、杭州、南京、成都、天津（图 2-13）。其中北京拥有北京外国语大学中东欧研究中心、中国社科院欧洲研究所等多个面向中东欧的高水平科研院所、高等院校和智库研究机构，研究优势明显在该指标上的得分显著高于第二名。上海、重庆、西安具有相对密集的高教资源，包括华东师范大学欧洲研究中心、上海对外经贸大学中东欧研究中心、重庆社科院、西安交通大学等智库机构，对中东欧各国的历史与文化、政治与经济、科技与产业等开展了大量研究。值得注意的是，宁波于 2022 年 6 月揭牌成立了中国—中东欧国家创新合作研究中心，并与域内多家研究机构紧密配合，结合该市面向中东欧国家的开放合作总体战略，从多个维度开展了对中东欧的研究工作。

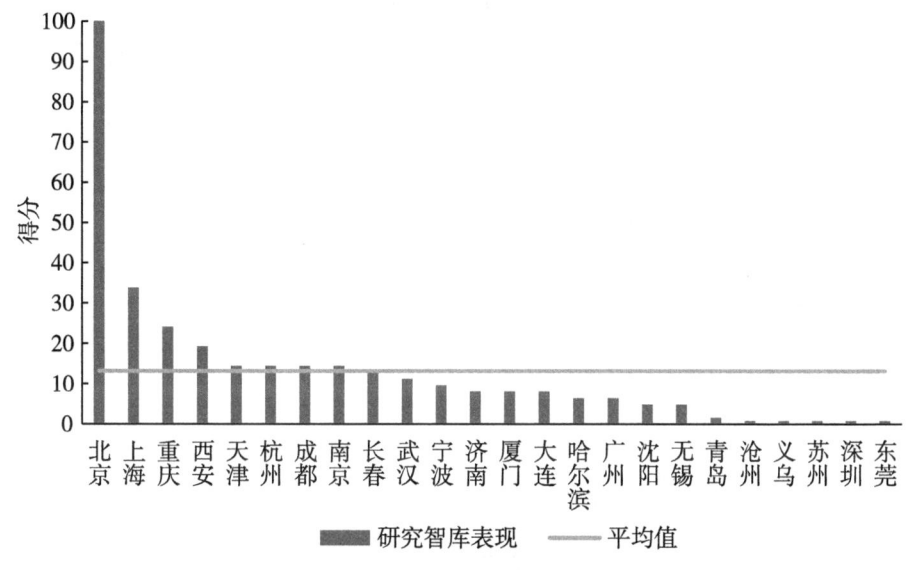

图 2-13　各城市在研究智库指标上的表现

2. 设施联通

设施联通是创新合作发展的基础，也是"一带一路"建设的优先领域，对提升国内国际大循环效率和水平具有重要作用。本指标基于各城市与中东欧国家的航空便利度、铁路便利度两项指标，反映中国城市和中东欧国家的设施联通水平。

综合来看，在设施联通二级指标中，排名靠前的城市有西安、北京、成都、上海、重庆、广州（图 2-14）。其中西安作为丝绸之路的东方起点和中华文明重要的发源地，是联通欧亚、承东启西、连接南北的重要交通枢纽，在与中东欧国家设施联通上表现出明显优势。北京以构建"空中丝绸之路"核心枢纽为目标，在加快建设国际一流航空枢纽过程中，带动了与中东欧国家及重点城市的交通联系。成都、重庆作为"一带一路"和长江经济带的战略交汇点，在与中东欧的设施联通方面具有独特的区位优势。此外，上海、广州等4个城市的得分表现也超过平均值，表明这些城市与中东欧国家在设施联通方面较为便利，有力带动了双多边合作和交流。

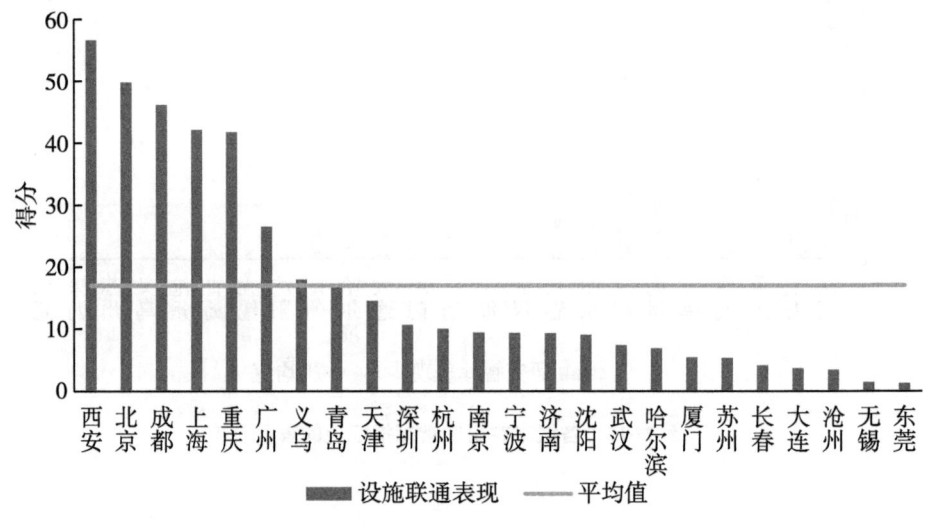

图 2-14　各城市在设施联通指标上的表现

（1）与中东欧国家航空便利度

便利完善的航空运输网络在保障和促进各国人员、货物的便捷往来方面具有重要的作用，能有力促进中国城市与中东欧国家的互联互通和经济繁荣。

综合来看，在与中东欧国家航空便利度的三级指标中，排名前六的城市有北京、上海、广州、成都、重庆（图 2-15），表现均超过平均水平。北京、上海、广州、成都作为我国面向全球航空连通性最强的4个城市①，在与中东欧国家的航空便利度方面表现突出。重庆是中国西南地区融贯东西、汇通南北的综合交通枢纽，2019年开通首条直飞匈牙利布达佩斯的航线，大幅提升了其与中东欧国家的航空便利度。苏州、东莞、沧州受限于本地航空交通条件，与中东欧国家的航空便利度不具备优势。

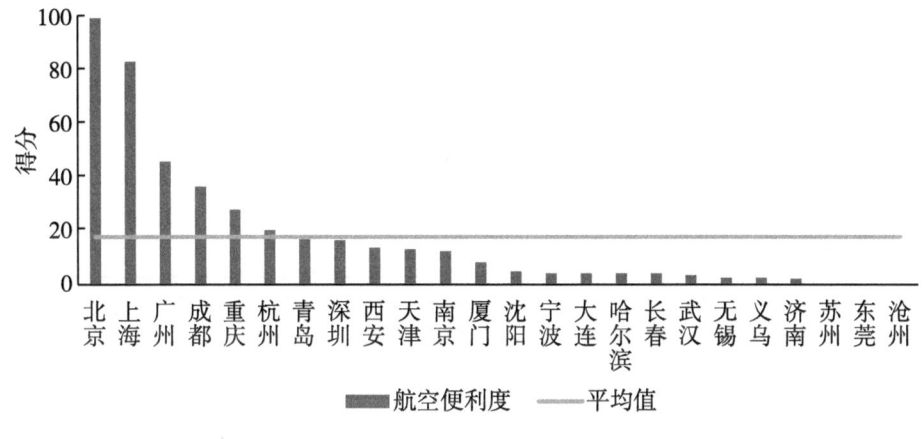

图 2-15 各城市在航空便利度指标上的表现

（2）与中东欧国家的铁路便利度

铁路运输是大宗物资长距离运输的主要方式，其便利化程度有利于支撑中国城市与中东欧国家的货物运输，保障国际产业链、供应链持续稳定的同时，助力中国城市与中东欧国家的双边贸易发展。

综合来看，在与中东欧国家的铁路便利度的三级指标中，排名前八的城市有西安、成都、重庆、义乌、青岛、济南、天津、宁波（图 2-16），其中前6个城市表现超过平均水平。西安、成都、重庆作为中欧班列枢纽节点城市，在开行规模和货运总量方面处于领先地位，因而在与中东欧国家铁路便利度排名中更为靠前。中欧班列

---

① 国际航空运输协会（IATA）2020年排名。

(西安)2022年开行突破4 000列,已成为面向中东欧国家铁路运输运行时效最快、综合成本最低的精品班列。中欧班列(成渝)号作为全国首个两地合作开行的中欧班列品牌,已成为全国开行量最多、运输最稳定的中欧班列,有力促进了中国城市与中东欧国家的广泛合作。

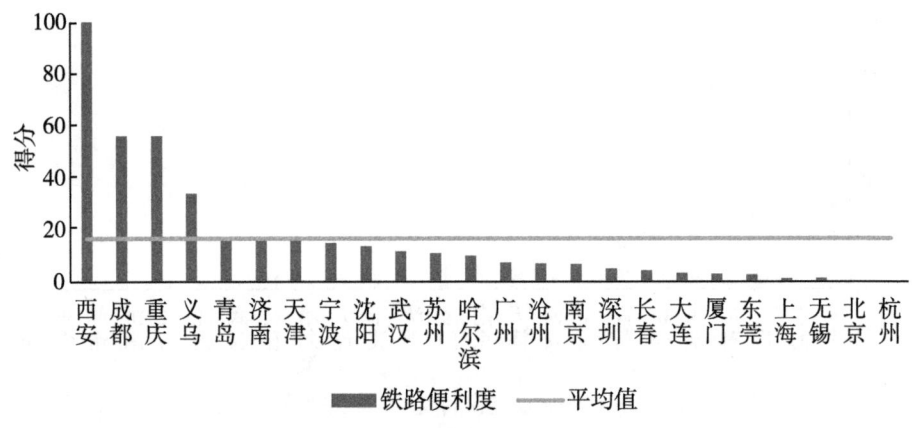

图2-16 各城市在铁路便利度指标上的表现

3. 民心相通

国之交在于民相亲,民相亲在于心相通。在中国与中东欧国家关系发展的进程中,各类民间交流活动是中国城市与中东欧国家人民相知相亲的重要纽带。本指标通过与中东欧国家的交流密切度、对中东欧国家关注度以及友好城市关系3个维度反映中国主要城市与中东欧国家的民心相通水平。

综合来看,在民心相通二级指标中,排名靠前的城市有北京、上海、宁波、武汉、南京、深圳等(图2-17)。其中北京在该指标上的表现明显好于其他城市,体现出作为国际交往中心,在与中东欧国家的民间交流合作方面具有显著优势,是与中东欧发展民间友好关系的示范城市。上海作为我国重要的对外开放窗口,有效开展并带动了自身及其他中国城市与中东欧国家城市间的民间互动对接交流。宁波与中东欧国家开展了形式多样的文化互动以及紧密的人文交流,全方位带动了该市在中东欧国家知名度和影响力的提升。除北京、上海、宁波以外,武汉、南京等其他8个城市的表现超过平均水平,表明这些城市与中东欧国家架起了比较密切的民间沟通交流桥梁,为促进与中东欧国家的开放合作奠定了民意基础。

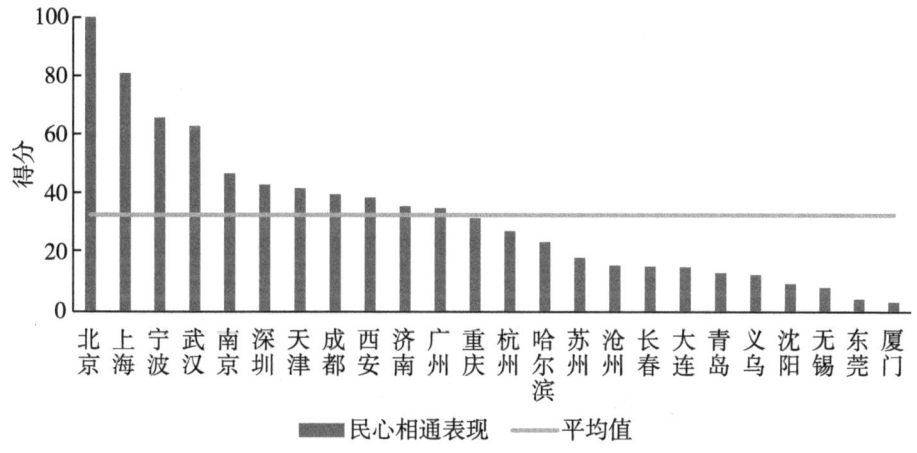

图2-17 各城市在民心相通指标上的表现

(1) 与中东欧国家的交流密切度

举办形式多样的民间交往活动,积极搭建双多边互动交流平台,能有效促进中国城市同中东欧人民相交相知、互信互敬,进而带动更大范围的开放沟通与交流。

综合来看,在与中东欧国家交流密切度三级指标中,排名前五的城市有宁波、北京、沧州、天津、哈尔滨(图2-18),其中仅前三个城市表现超过平均水平。宁波高度重视与中东欧国家的人文联系纽带,积极搭建博览会、论坛研讨会、对话会、展销会等多层级合作平台，举办了中国—中东欧国家博览会、中国—中东欧国家青年科技人才论坛、中国—中东欧国家创新合作智库论坛等活动，是举办活动次数最多的城市，在该指标上的得分最高。北京和沧州在疫情期间克服各方面不利影响，保持了与中东欧国家的联系与沟通。如北京在 2021 年以"线上线下"相结合的方式举办"第五届中国—中东欧国家创新合作大会"，沧州 2022 年通过线上举办了"第四届中国—中东欧国家（沧州）中小企业合作论坛"等，不断推进与中东欧各国在多个领域的沟通交流。

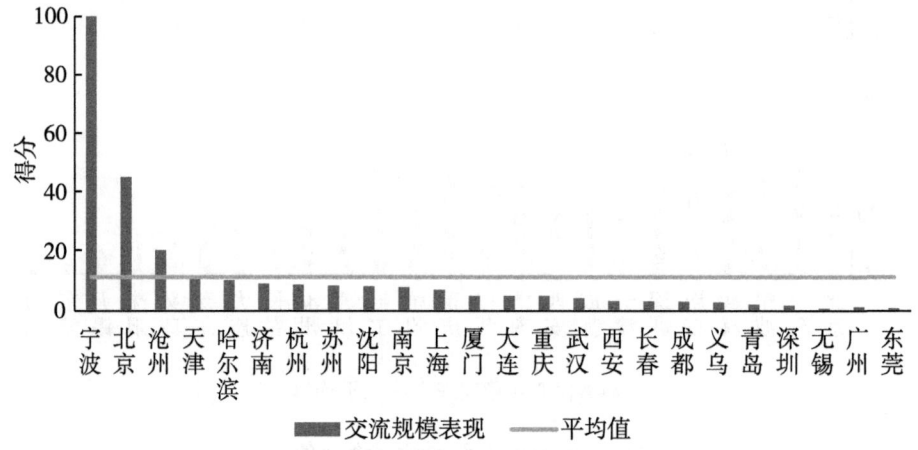

图 2-18 各城市在与中东欧国家的交流密切度指标上的表现

专栏 2-1

宁波：大力主办承办交流活动，
打造中国与中东欧合作"首选之地"

宁波作为我国浙东沿海重要的海港城市，在参与中国—中东欧国家全方位交流合作中具有得天独厚的区位优势。近年来，宁波通过积极举办和承办经贸、人文、智库等面向中东欧国家全方位的交流活动，已经成为承接与中东欧国家合作机制性、规律性活动最集聚的城市,更是地方参与中东欧合作成果最丰硕的城市。与中东欧合作已经成为宁波对外开放的一张金名片。

经贸活动。中国—中东欧国家博览会暨国际消费品博览会(以下简称"中东欧博览会")作为我国面向中东欧国家的唯一国家级展会,是中国和中东欧国家增进友谊、扩大合作、共谋发展的重要平台。作为中东欧博览会的举办地,宁波自2019年6月首次举办以来,已连续三届承办这一重大国家主场外交活动。2023年5月,第三届中东欧博览会在宁波举办期间,面向国内和中东欧国家举行了27场重点经贸交流活动,并首次启用高达22万平方米的新展览场馆;展览会吸引400多家境外展商参展,涵盖六大品类约5 000种产品,实现了交易超预期、签约高质量、机制性成果多的积极成效。依托中国—中东欧国家经贸合作示范区建设,宁波在对中东欧国家商品进口、对外投资、贸易便利化等方面取得多项突破。2022年,宁波自中东欧国家进口货物超112亿元,同比大增47.5%。同年,宁波对中东欧投资4.6亿美元,超过以往历年总和。此外,宁波舟山港与中东欧海运航线增至14条,持续提高宁波对中东欧经贸合作的潜力上限。

人文活动。2021年,由宁波市政府新闻办和外事办共同发起的中国(宁波)—中东欧国家人文交流示范基地在宁波老外滩正式揭牌。老外滩作为我国大运河和海上丝绸之路的连接点,是宁波的时尚地标和城市客厅之一,设立人文交流示范基地正是为了能在文化、旅游、教育、体育等多领域的人文交流提供充足的展示空间和活动场地,进一步推动双向人文交流。为深入贯彻落实国家主席习近平在2021年中国—中东欧国家领导人峰会上,提出关于举办中国—中东欧国家青年科技人才论坛的倡议,提高宁波与中东欧国家人文交流的层次与水平,宁波于2021年首次举办了中国—中东欧国家青年科技人才论坛。该论坛围绕中国与中东欧国家共同关注的科技创新议题,深挖中国—中东欧国家青年科技人才创新合作新机遇,探求科技合作新方法、新路径、新渠道,为双多边的青年科技人才营造了更加良好的交流氛围、搭建了更加便捷的合作平台。

智库交流。发起组建面向中东欧国家的智库联盟、开展智库交流合作是增进中国与中东欧国家相互了解、制定和设计进一步合作战略与路径的重要举措。目前,宁波借助举办中国—中东欧国家地方合作高质量发展高端智库论坛、中国—中东欧国家创新合作智库论坛、中东欧国家智库论坛等活动,极大地促进了宁波当地与中东欧国家的智库交流规模与水平。如中国—中东欧国家地方合作高质量发展高端智库论坛由中国社会科学院、浙江省人民政府主办,中国社会科学院欧洲研究所、中国—中东欧国家智库交流与合作网络和宁波市人民政府承办,吸引了来自中国和中东欧国家数百位政府官员、专家学者和行业代表出席论坛活动;中国—中东欧国家创新合作智库论坛由科学技术部国际合作司、浙江省科学技术厅、宁波市人民政府主办,宁波市科学技术局、宁波工程学院承办,中国—中东欧国家创新合作研究中心协办,吸引了来自中国和中东欧国家相关政府部门、智库单位、高校、科研机构的领导、专家学者、青年科技人才代表约300人通过线上线下方式参会。加强此类智库交流，能够聚焦前沿热点难点议题，持续为地方层面的战略政策沟通建言献策，精准把握未来创新合作方向和脉络，提升创新协同和高质量发展能力。

(2) 对中东欧国家的关注度

网民对中东欧国家的关注度能有效反映民众对其的了解和认知程度，有利于带动和增进中国城市居民与中东欧各国民众间对彼此文化的认知和了解。

综合来看，在对中东欧国家的关注度三级指标中，北京、上海、重庆、天津、成都、杭州、深圳（图2-19）7个城市表现超过平均水平。作为中国的政治、文化和国际交往中心，北京在该指标上表现显著高于其他城市。一方面体现出北京居民更为关注与中东欧各国的发展和合作情况；另一方面在北京举办的与中东欧相关的各类

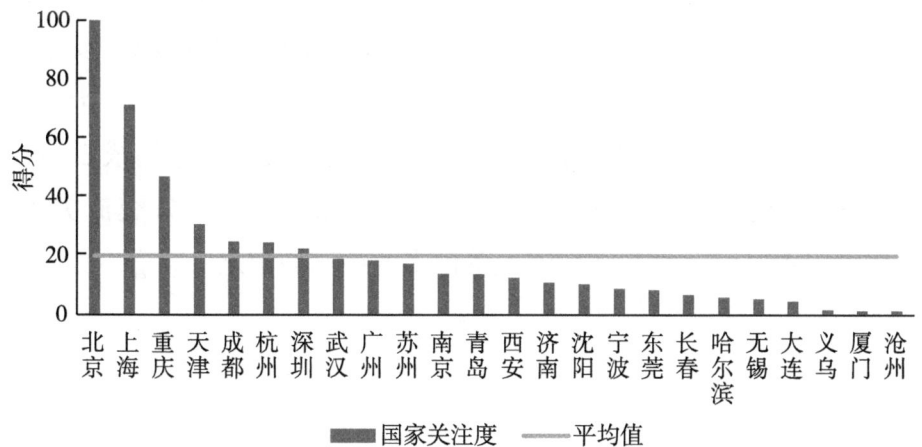

图2-19 各城市在对中东欧国家关注度指标上的表现

活动，也间接带动了北京市居民对中东欧国家的关注。上海作为中国观察世界的重要窗口，也十分关注中东欧各国的发展动态和合作现状，在公众对中东欧的关注度上仅次于北京。

(3) 与中东欧国家建立友好城市关系

不同城市有不同的发展背景和传统，建立友好城市关系，有利于促进中国城市与中东欧国家城市的文化交流、教育合作和人员往来，为更深层的开放沟通交流提供基础支撑。

综合来看，在友好城市（以下简称"友城"）数量[①]方面，上海、北京、哈尔滨、西安、长春、天津、重庆、武汉、济南、杭州、宁波和无锡均有超过3个面向中东欧国家的结对友好城市（图2-20）。上海和北京作为中国对外开放前沿主阵地，一直重视与中东欧国家的友城互鉴交流。两地分别与10个和8个中东欧国家城市结为友好城市关系，通过与友城合作开展城市规划与管理、产业发展、重点项目合作等活动，以高水平开放的姿态吸收中东欧友城的发展经验，也为各国友城的发展路径提供了"中国样本"。哈尔滨在2020年政府工作报告中，明确提出将打造该市成为对中东欧开放的节点城市，现已与5个中东欧国家城市结对成为友城，在友城建设中位列第三。值得一提的是，宁波通过使领馆、国际友好人士、华侨华人等渠道，积极拓展与中东欧国家城市的友好交往，除结成3对友城关系外，还与中东欧9个国家的10个城市建立了友好交流关系，是与中东欧城市建立友好交流关系最多的中国城市之一。

[①] 指地市级和区县级结对友好城市的数量，不包括建立友好交流关系的城市。

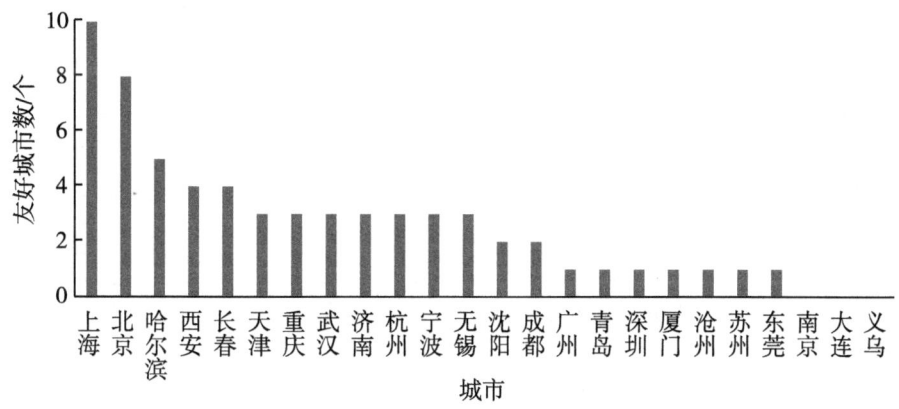

图 2-20　各城市在与中东欧国家建立友好城市关系数量情况

（二）创新实力与生态

良好的科创实力和开放创新的生态环境，能够为推动城市与中东欧国家高质量创新合作提供关键基础条件。创新实力与生态指数通过科技创新、引才环境和创新生态 3 个维度，反映中国主要城市与中东欧国家创新合作的实力与开放生态建设情况。

综合来看，在创新实力与生态一级指标中，排名靠前的有北京、深圳、上海、广州、天津、杭州、武汉、苏州（图 2-21）。其中北京、深圳和上海 3 个城市的得分表现较为接近，表明 3 个城市具备雄厚的科创实力，同时高度重视汇聚全球创新资源，积极塑造良好的创新生态环境，为城市与中东欧开放创新合作夯实了基础。此外，广州、天津、杭州等 9 个城市的得分表现也超过平均值，表明各城市同样具备了开放创新合作所需的良好创新实力和创新生态。

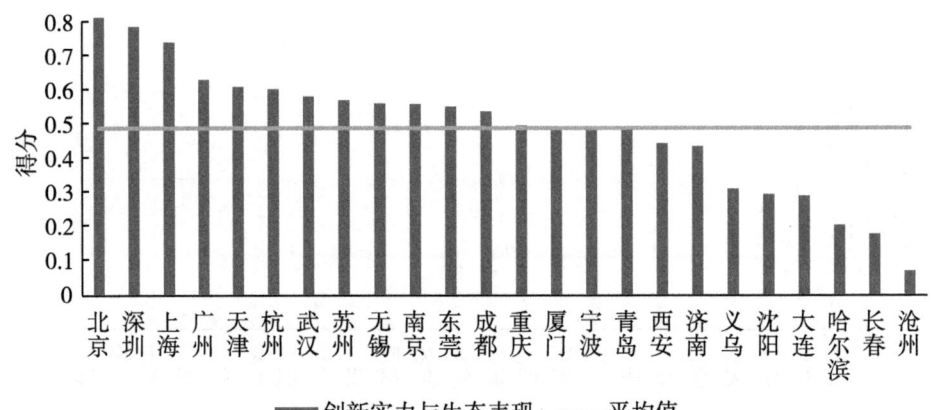

图 2-21 各城市在创新实力与生态指标上的表现

各个城市在细分指标上表现优势各异（图 2-22）。其中北京已经成为全球创新网络中的一支重要力量。《自然指数-科研城市》报告显示，北京连续 6 年排名榜首，是创新实力与生态一级指标中得

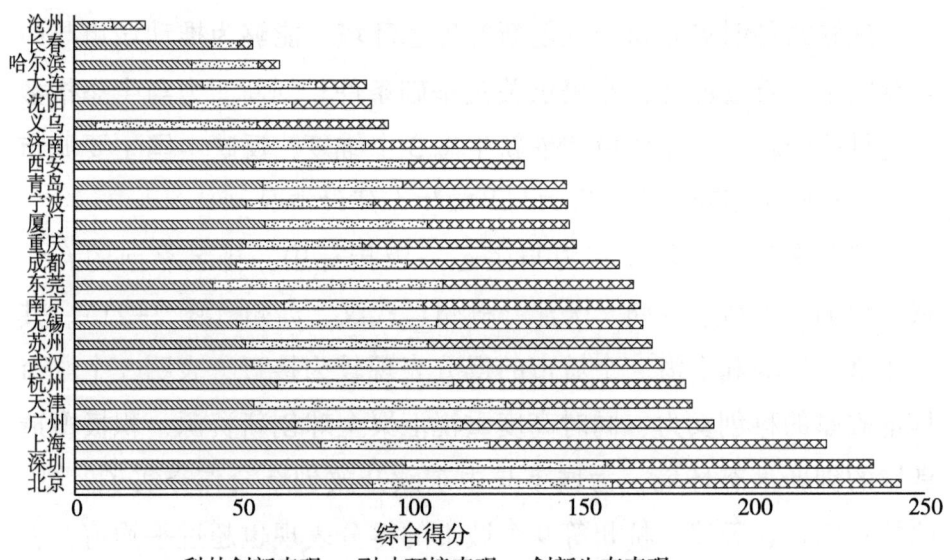

图 2-22 重点城市创新实力与生态的分类表现

分最高的城市。深圳作为粤港澳大湾区的核心城市之一，是我国建设综合性国家科学中心的主阵地，在整体科技创新实力、吸引科创人才和打造创新生态方面实力较强，其所在的"深圳-香港-广州"区域，在《全球创新指数（2022）》科技集群排行榜中位列第二。上海积极带动周边省份打造长三角科技创新共同体，在全球科技创新中心城市综合排名上持续攀登，从2018年的全球第十七名提升至2022年的全球第八名。

1. 科技创新

创新是引领发展的第一动力。本指标通过各城市科技创新整体实力、全职科研人员数量、国际科研合作活跃度和国际专利活跃度4个维度，反映中国主要城市的整体科技创新水平。

综合来看，在科技创新二级指标中，排名靠前的城市有深圳、北京、上海、广州和南京（图2-23）。其中深圳持续强化创新第一动力，PCT国际专利申请量稳居全国城市首位；"深圳-香港-广州科技集群"创新指数连续3年排名全球第二；强化高新技术企业培育，打造了华为、大疆、迈瑞、比亚迪等一批具有国际影响力和竞争力的创新企业。北京加快基础前沿和关键核心技术领域探索，连续6年位列"自然指数-全球科研城市"榜首；不断强化科技创新人才和金融支撑，2022年全市研发人员数量超47万人，位列全球第一。以创新驱动首都产业集群发展，整体科技实力和创新能力显著提升。上海不断优化创新创业生态环境，海外引才引智全国领先，创设外籍人才牵头承担基础研究项目，截至2022年底，全市累计核发《外国人工作许可证》37.8万余份，其中外国高端人才（A类）7.1万余份、占比约19%，集聚外国人才和高端人才数量均居全国第一。

不断巩固拓展国际科技合作网络，科技创新水平已跻身全球科技集群前列。除深圳、北京、上海外，广州、南京、杭州、厦门、青岛、天津、西安和武汉等城市，科创表现也超过了平均水平，表明这些城市在以科技创新推动城市高质量发展的方面具有较强实力和较大的潜力。

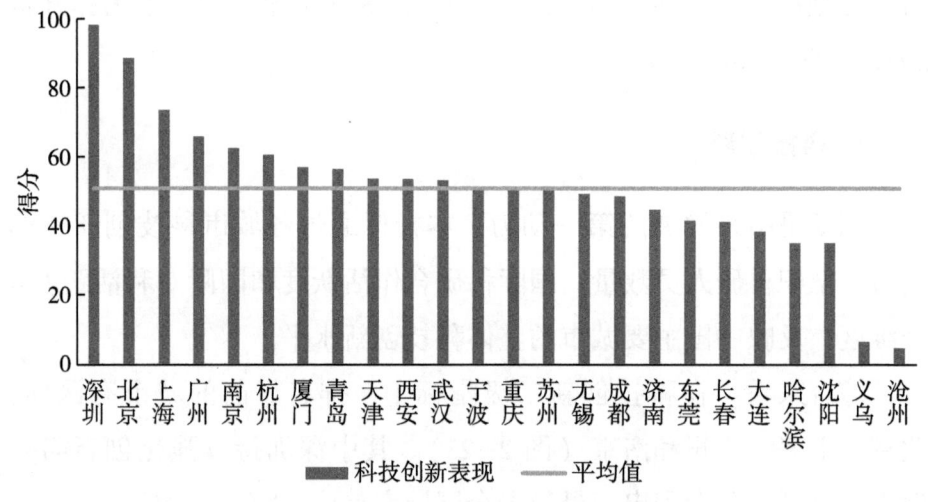

图 2-23　各城市在科技创新指标上的表现

（1）科技创新整体实力

综合测度各城市的创新资源、创新环境、创新服务、创新绩效等，能客观反映城市科技创新发展的总体水平和趋势，有助于全面了解城市的整体创新实力。

总体看，在科技创新整体实力三级指标中，排名前1/3的城市有北京、上海、深圳、广州、杭州、南京、苏州和武汉（图2-24），且这些城市表现均超过平均水平。此外，天津、西安等另外10个城市的表现也超过了平均水平。大部分城市的指标间差距较小，表明这些城市均具备较高的创新资源投入能力、较好的创新环境和服务水平以及创新成果。与此同时，长春、沈阳等6个城市表现处于平均水平以下，表明其创新活力有待释放，科技创新实力有待进一步提升。

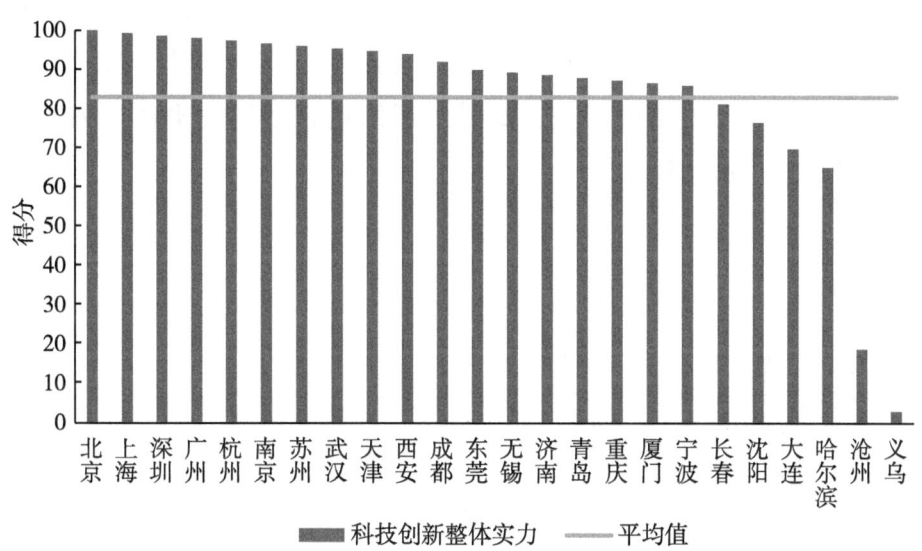

图 2-24　各城市在科技创新整体实力指标上的表现

（2）全职科研人员

科研人员作为城市科技创新的主力军，是加快提升城市科技创新能力和水平的动力源泉。城市全职科研人员数量一定程度上反映了该城市科学研究基础条件和科技创新发展潜力。

综合来看，在城市全职科研人员三级指标中，排名前十的城市有北京、深圳、广州、上海、重庆、南京、天津、西安、杭州和宁波（图2-25），且城市表现均超过平均水平。其中北京和深圳在该指标上的表现显著高于其他城市，体现出北京作为世界重要人才中心和创新高地的承载引领区，科研人才资源优势突出；深圳制定实施了一系列科技人才队伍发展政策制度，加快打造高能级科技人才发展平台，有力带动了科技创新人才队伍的建设。广州通过深入实施"广聚英才计划"，吸引顶尖科学家来穗创新创业，会聚 3 018 名外国知名专家；举办中国海外人才交流大会暨中国留学人员广州科技交流会等高端引才引智活动，引进大批青年海归人才；创造性地构建了以青年博士为主的基础研究"普惠制"支持模式，支持青年科技人才留穗开展基础研究；此外，还依托新型研发机构全力打造为高端人才"蓄水池"。

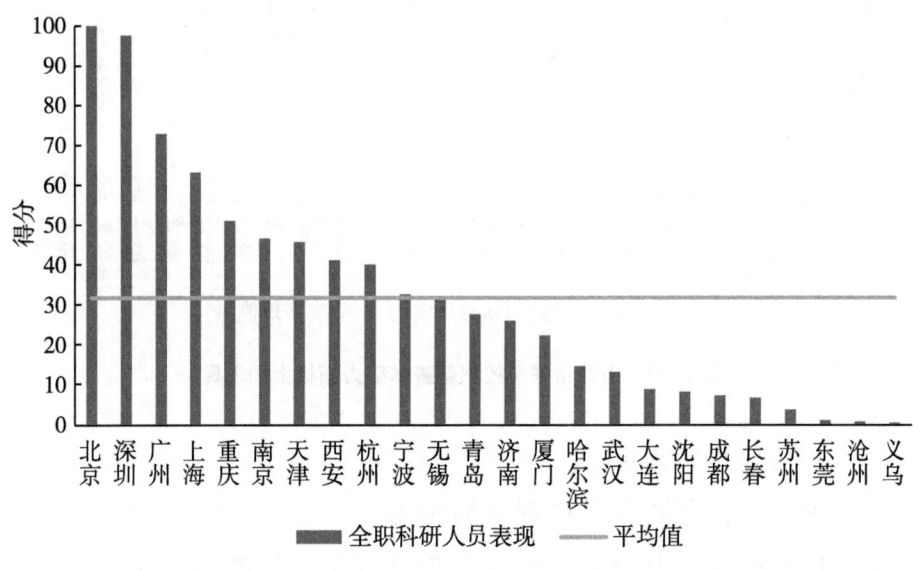

图 2-25 各城市在全职科研人员指标上的表现

（3）国际科研合作活跃度

国际科研合作是一个城市对外知识技术交流与合作的直接体现形式，是提升城市科创能力、融入全球科研合作网络的重要途径之一。分析科研论文总量中国际合著论文的占比，可以在一定程度上反映该城市国际科研合作的活跃程度。

综合来看，在国际科研合作活跃度三级指标中，排名前 1/3 的城市有厦门、深圳、上海、武汉、北京、南京、杭州和苏州（图2-26），且各城市表现均超过平均水平。其中厦门和深圳在该指标上的表现显著高于其他城市。厦门研究人员发表的国际科研合作论文主要集中于材料科学、环境科学、化学、物理化学、应用物理等学科，深圳研究人员发表的国际科研合作论文主要集中于材料科学、电气工程、应用物理、化学、物理化学等学科。此外，上海、武汉、北京、南京等城市均拥有多所高水平大学和研究院所，科研力量雄厚，对外学术交流密切，国际科研合作论文占比也较高。

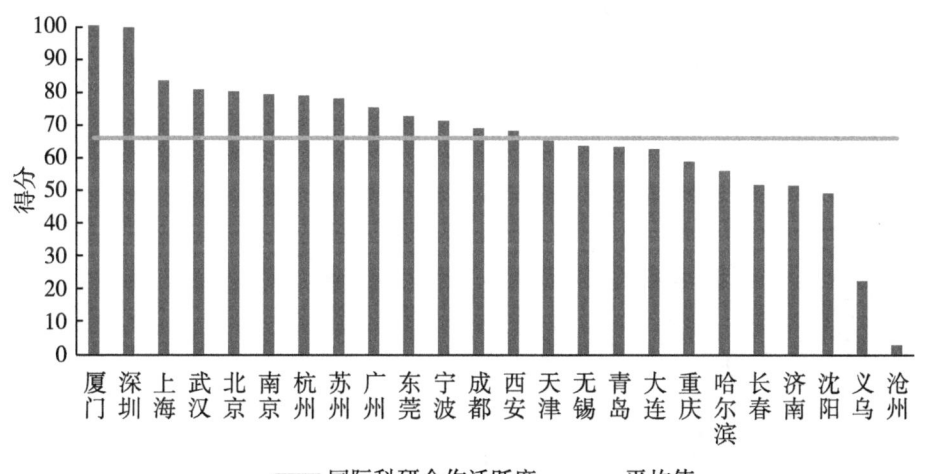

图2-26 各城市在国际科研合作活跃度指标上的表现

（4）国际专利活跃度

PCT国际专利申请能巩固、提升、维护技术和产品的海外市场以及竞争优势，是企业等创新主体进行全球专利布局的重要途径。城市创新主体提交的PCT国际专利申请量占该城市申请专利总数的比重，是衡量城市技术创新国际化程度的重要指标。

综合来看，在国际专利活跃度三级指标中，排名前八的城市有深圳、北京、上海、青岛、南京、苏州、杭州和成都（图2-27），且城市表现均超过平均水平。其中深圳在该指标上的得分显著高于其他城市，体现出深圳的创新主体具有较强的国际化创新能力。截至2022年，深圳市PCT国际专利申请量达15 892件，已连续19年位列全国首位。另外，世界知识产权组织（WIPO）发布的数据显示，在2021年提交PCT国际专利申请量的总申请人排名中，深圳有7家企业跻身全球五十强，华为技术有限公司以6 952件第七次（连续五年）登顶榜首。除深圳外，各城市也积极通过创新型企业等布局海外专利，如北京京东方、上海商汤集团、青岛海尔智家等在国际市场中占有一定行业技术的领先优势。

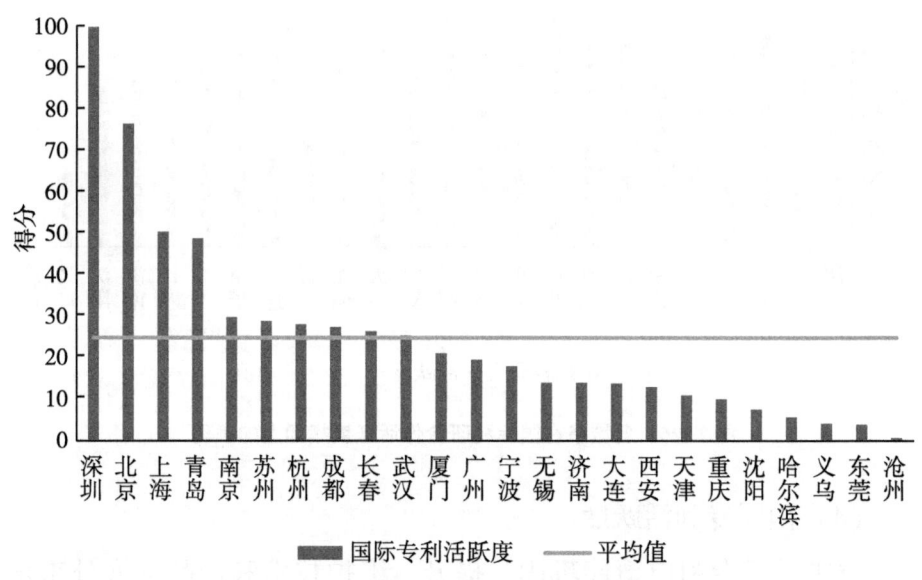

图2-27 各城市在国际专利活跃度指标上的表现

2. 引才环境

各重点城市对本市引才环境的建设与营造，对提升城市引才聚才吸引力、促进人才交流合作具有重要作用,进而可带动城市创新实力的提升。本指标通过人才吸引力、国际化学术环境2个维度,反映中国主要城市的引才环境建设水平。

综合来看,在引才环境二级指标中,排名靠前的城市有天津、北京、东莞、武汉、深圳、无锡等(图2-28)。其中,天津、北京、东莞位列前三且得分差距不大,表明3个城市高度重视人才第一资源的作用,引才政策更加开放、学术交流更加国际化。同时武汉、深圳、无锡等排名前八的城市得分表现差距不大,且基本为"新一线"城市,表明"新一线"城市近年来始终积极提升对各级各类人才的吸引力,并不断完善国际学术交流的环境。

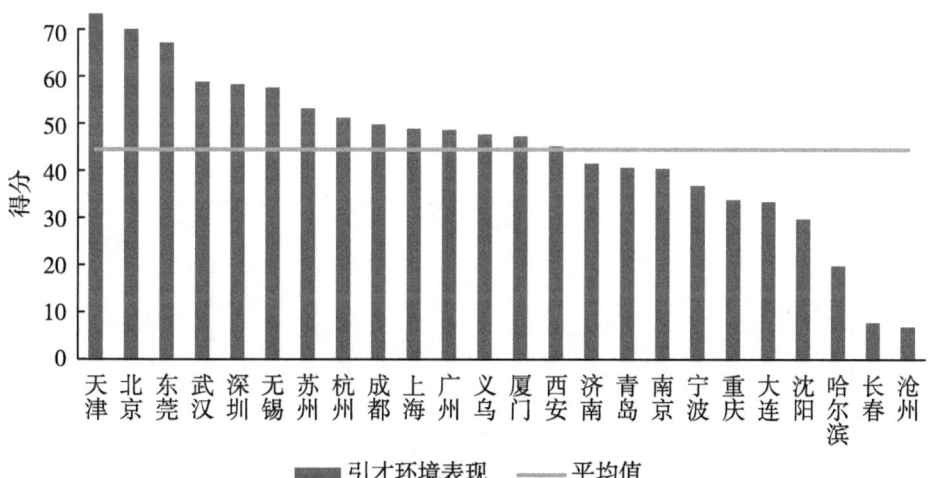

图2-28 各城市在引才环境指标上的表现

(1)人才吸引力

城市对人才的吸引力直接反映城市对引才软硬环境塑造的水平,是决定城市创新能否持续发展的关键,也是影响与中东欧国家开放创新合作层次和水平的重要因素。

综合来看，在人才吸引力三级指标中，排名前八的城市有北京、上海、深圳、广州、杭州、成都、苏州、南京（图2-29），且各城市表现全部超过平均水平。其中北京、上海、深圳、广州是国内最具人才吸引力的城市，在引才环境塑造上具有相当的优势。北京以收入水平最高且优厚的政策环境吸引了大批人才，为城市创新实力提升不断注入源泉；上海得益于新的经济发展政策和放宽的落户政策，成为仅次于北京的最具人才吸引力的城市；深圳依托高速的经济发展模式和较高水平的创新能力，也汇聚了大批人才；广州凭借丰富的创新资源和相对较低的生活成本，突出较其他城市明显的引才优势，为进一步提升该城创新实力提供了有力竞争条件。

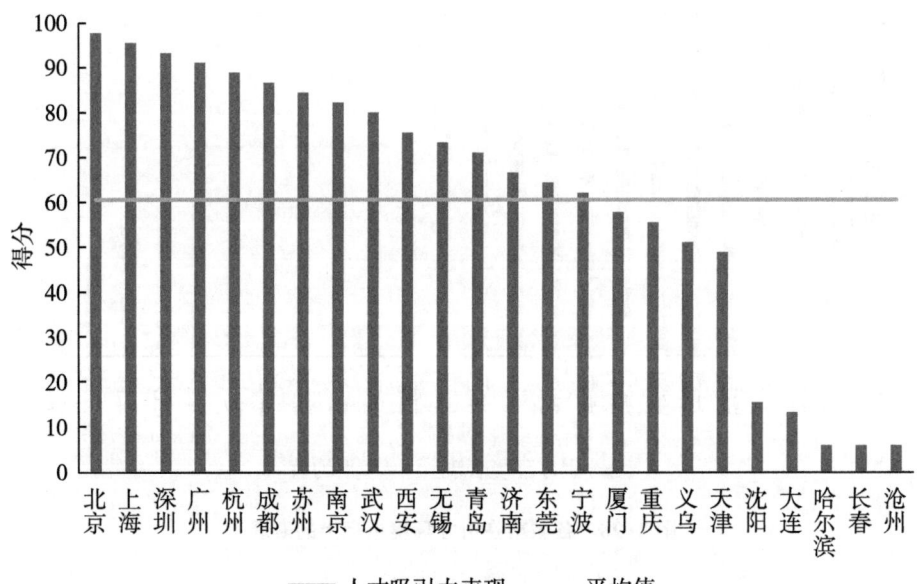

图2-29 各城市在人才吸引力指标上的表现

（2）国际化学术交流

国际化的学术交流环境不仅能聚集多元化的创新要素、丰富和拓展对外交流合作网络,也为提升城市创新人才队伍的国际化水平营造浓厚的氛围。

综合来看,在国际化学术交流三级指标中,排名前八的城市有天津、东莞、大连、义乌、沈阳、北京、无锡、哈尔滨(图2-30),且各城市表现全部超过平均水平。其中,天津举办的国际学术会议中外宾参会人员比例较高,为开阔人才的国际视野、促进中外科学家的交流合作提供了重要平台。

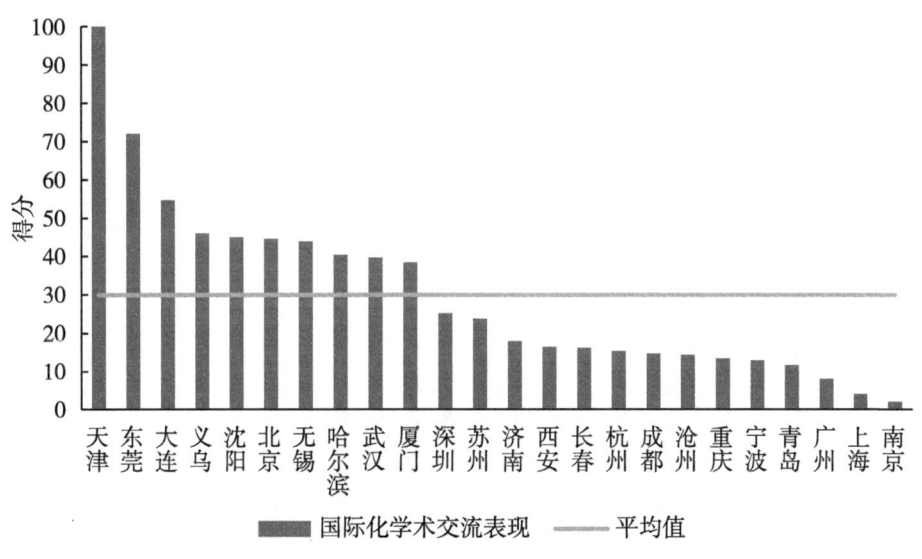

图2-30 各城市在国际化学术交流指标上的表现

3. 创新生态

城市良好的创新生态可以吸引更多的创新主体和创新要素,是提升科技创新竞争力重要基础。本指标通过吸引外资金额、城市的数字化建设程度以及外商对营商环境的评价3个维度,反映中国主要城市开放创新生态的水平。

综合来看，在创新生态二级指标中，排名前 1/3 的城市有上海、北京、深圳、广州、杭州、苏州、南京和重庆（图 2-31）。从指标得分上看，上海、北京、深圳、广州 4 个城市处于第一梯队，在塑造开放创新生态上表现突出。其中，上海在该指标得分上明显高于其他城市，也为开放创新合作营造了良好的氛围和环境。杭州、苏州、南京等 10 个城市的得分也均超过平均值，在形成具有竞争力的开放创新生态方面也具备一定优势。与此同时，沈阳、大连、沧州、哈尔滨、长春在营造开放创新生态方面仍有巨大的进步空间，尤其是在高质量吸引和使用外资、大力发展数字经济，以及打造与国际接轨的一流营商环境方面仍需努力。

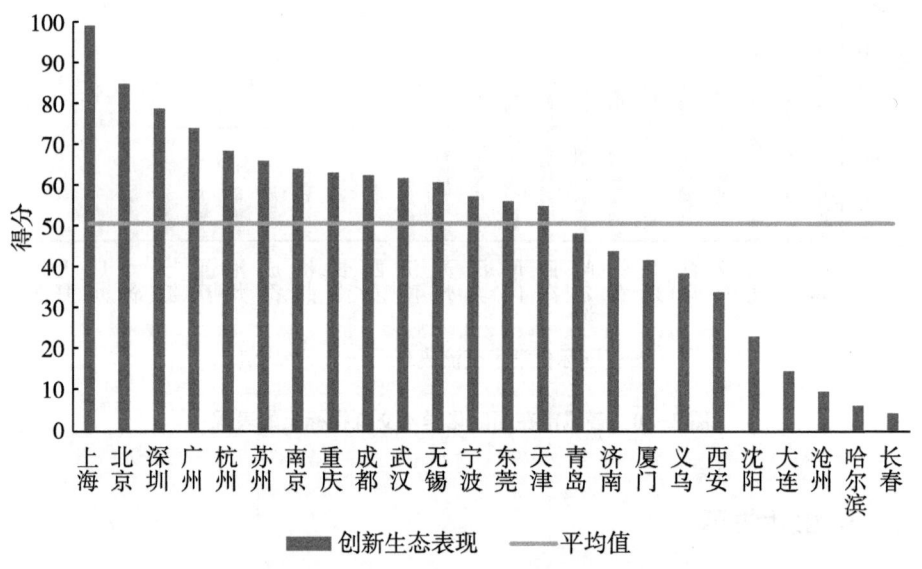

图 2-31 各城市在创新生态指标上的表现

（1）吸引外资

城市对外资的使用情况可以反映出城市的创新创业生态环境，吸引外资金额越高，表明城市投资环境越好，有助于带动城市加快融入全球产业链,促进经济社会高质量发展。

综合来看,在吸引外资的三级指标中,排名前1/3的城市有上海、北京、武汉、深圳、重庆、西安、广州和杭州(图2-32),且各城市表现全部超过平均水平。其中上海在该指标上的表现明显好于其他城市,体现出对外资具有极强的吸引力。上海作为我国经济中心,有近6万家外资企业,为其贡献了超过1/4的GDP、超过1/3的税收、约2/3的进出口和规模以上工业总产值,以及1/5的就业人数[①]。2022年上海实际使用外资金额达239.56亿美元,再创历史新高。其他城市也高度重视吸引和使用外资,如北京市在疫情期间出台《关于进一步加强稳外资工作的若干措施》;武汉市于2019年出台《进一步扩大利用外资促进经济高质量发展的若干措施》后,2022年又再次出台自贸区"新外资十条";深圳市继2020年出台《2020年稳外资促

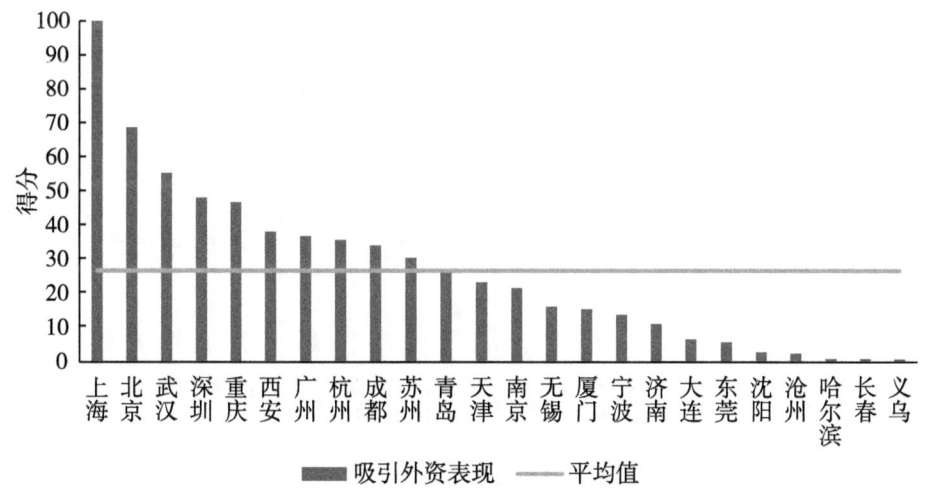

图2-32 各城市在吸引外资指标上的表现

---

① 上海出台24条措施,进一步利用外资. 中华人民共和国商务部,信息来源:http://www.mofcom.gov.cn/article/yqfkscbg/dfgz/202004/20200402954062.shtml.

发展若干措施》后,又推出《促进外资稳规模优结构若干措施(征求意见稿)》,加速高质量利用外资促进城市发展。

(2)数字化建设

城市数字化建设和治理能力,是数字化时代推进城市打破地理空间的限制、拓展市场空间和创新渠道的重要基础和方式,也能够为面向域外伙伴的开放创新合作创造便利条件。

综合来看,在数字化建设三级指标中,排名前1/3的城市有北京、上海、杭州、深圳、成都、广州、南京和重庆(图2-33),且各城市表现全部超过平均水平。其中,北京加快培育更具优势的数字产业集群,建设全球数字经济标杆城市取得显著成效,国家工业互联网大数据中心、国家顶级节点指挥运营中心成为国家工业大数据交互的核心枢纽,工业互联网平台数量、接入资源量、国家级智能制造系统方案供应商数量居全国第一[①]。上海全力推进城市数字化

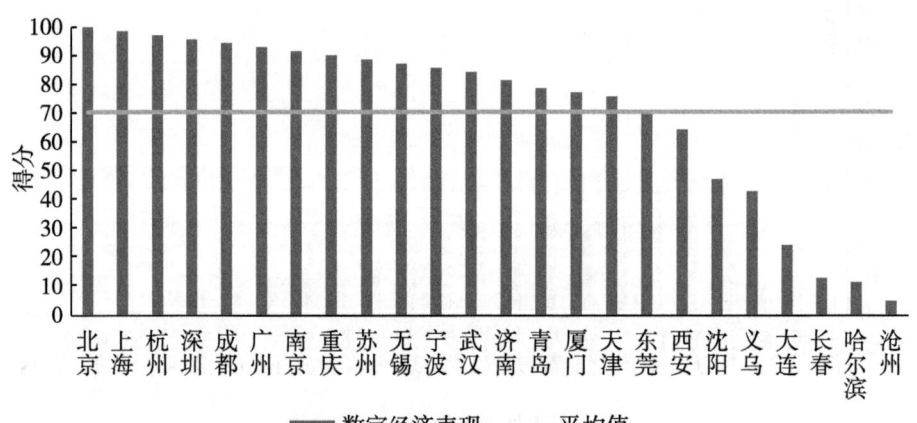

图2-33 各城市在数字经济指标上的表现

---

① 北京打造中国数字经济发展样板. 中华人民共和国中央人民政府,信息来源:http://www.gov.cn/xinwen/2022-04/17/content_ 5685623.htm。

转型和建设,加快打造具有世界影响力的"国际数字之都",在该指标上位居第二。杭州在全国首创"城市大脑",推动城市数字化建设迈向纵深,并带动了电子商务、共享经济等新业态的发展①。

(3) 国际化营商环境

营商环境的国际化程度是一个城市有效对外交流与合作、积极参与国际竞争的重要依托,是新时期加快构建具有全球竞争力的开放创新生态的关键内涵。

综合来看,在国际化营商环境三级指标中,排名前1/3的城市有上海、深圳、广州、东莞、北京、南京、苏州和无锡(图2-34),且城市表现全部超过平均水平。上述得分较高城市主要集中于长三角地区、粤港澳大湾区和北京等经济发达地区,表明国际化营商环境与经济发展水平相互影响促进。中国美国商会发布的《中国商业环境报告2022》也显示,长三角地区、粤港澳大湾区和京津冀地区

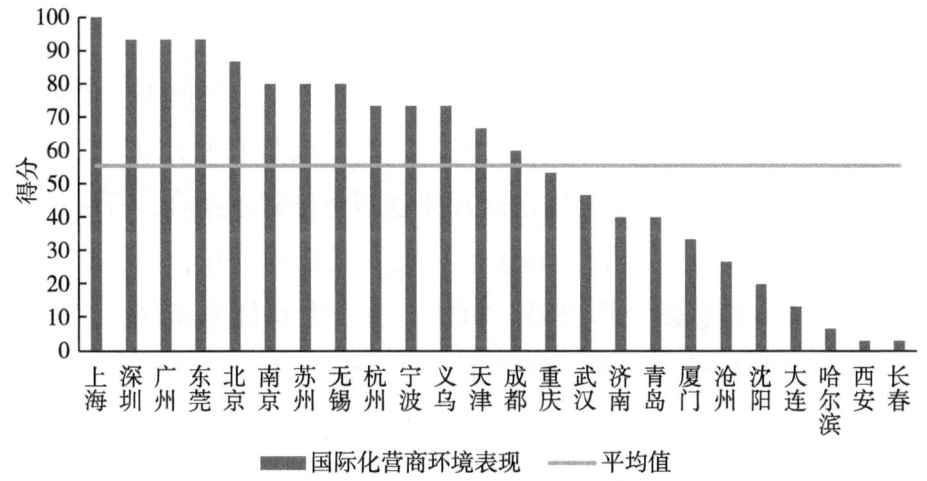

图2-34 各城市在国际化营商环境指标上的表现

---

① 杭州首创"城市大脑",助推城市数字化快速转型. 杭州市投资促进局,信息来源:http://tzcj.hangzhou.gov.cn/art/2021/1/22/art_ 1621408_ 58891066.html.

分别排在行业公认最具吸引力地区的前三位。其中，上海由于其国际金融中心的独特地位，在服务企业来沪发展方面具有显著优势；深圳、广州和东莞作为粤港澳大湾区的核心城市，在创新政策方面敢于先行先试，具有较高的国际化营商环境水平。北京作为首都拥有独特的政治地位和天然的外交优势，持续以首善标准探索构建一流国际化营商环境，在该指标上位列全国第五。

（三）合作成果与成效

各城市在保持与中东欧国家密切人文交流，营造自身开放创新生态的基础上，近年来不断加强与中东欧各类创新主体的务实合作，实现合作成果产出"质"和"量"的双重突破。本指数通过智力流动、项目平台、知识创造和产业创新4个维度，反映中国主要城市与中东欧国家的合作成果与成效水平。

综合来看，在合作成果与成效一级指标中，排名前1/3的城市有上海、北京、南京、重庆、杭州、广州、成都和哈尔滨（图2-35）。其中，上海、北京与中东欧开放创新合作紧密结合，开展了涉及各领域的联合研发项目，建设了一批高质量的创新合作平台，形成了一批丰富的创新合作成果。2021年，上海与匈牙利共建了"中国—匈牙利脑科学'一带一路'联合实验室"，是上海首个"一带一路"实验室。北京也建有"中国—罗马尼亚农业合作'一带一路'联合实验室"和"中国—希腊文物保护技术'一带一路'联合实验室"2个国家级对外科技合作创新平台。南京依托自身高校、科研院所密集的优势，自2016年举办"首届中国—中东欧国家创新合作大会"并发布《中国—中东欧国家创新合作南京宣言》以来，一直重视与罗马尼亚、波兰、保加利亚等中东欧国家开展科技创新合作，研发投入与产出效率较高。此外，重庆、杭州等其他10个城市的表现也超过了平均水平，表明这些城市与中东欧国家合作成果也较为丰硕，面向中东欧国家整体创新合作成效处于优势地位。

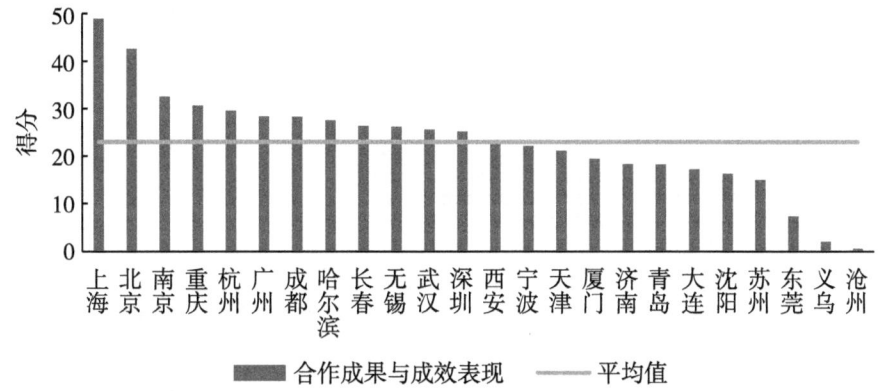

图 2-35　各城市在合作成果与成效指标上的表现

具体来看，在合作成果与成效一级指标中表现处于第一梯队的 8 个城市，其二级指标也在不同领域表现出了不同优势（图 2-36）。如上海在面向中东欧国家的开展研发项目合作、建设或共建创新平台以及涉及科研合作产出和影响力的知识创造指标方面均表现良好。特别是在依托本地产业结构和外贸便利优势，开展产业创新合作的二级指标中位列全国第一，因此合作成果成效指标位列首位。近年来，北京和南京在知识创造指标方面位居全国前列，表明在面向中东欧国家科技合作中，两城充分发挥了本地科创资源密集、对外合作水平较高的优势，以加强基础研究为引领，大力推动与中东欧各类创新主体开展科研联合攻关，共同提升双方合作能级与质量。此外，重庆、杭州、广州、成都等城市，均结合自身区位、科创优势，积极推进与中东欧国家开展富有特色的创新活动，取得了一系列合作成果。

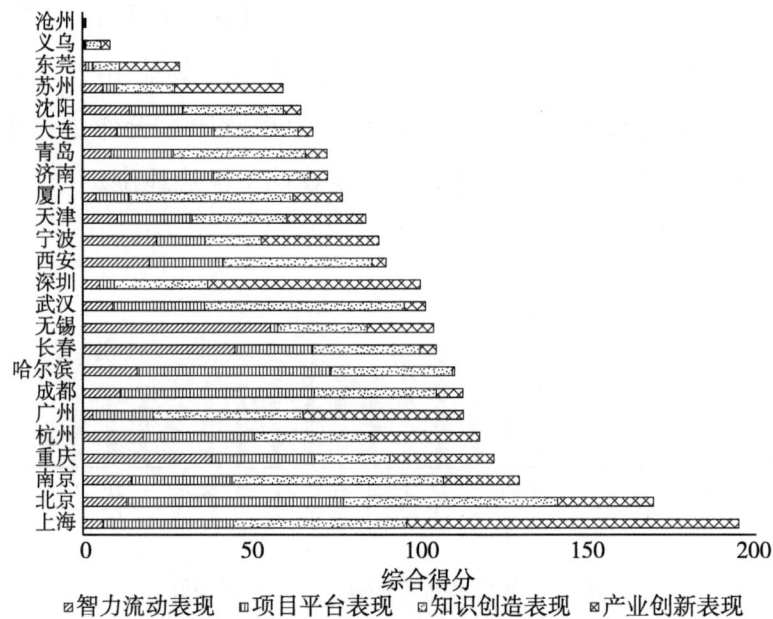

图 2-36 重点城市合作成果与成效的分类表现

1. 智力流动

各重点城市深入挖掘与中东欧国家人才对接的潜力,在满足本地高质量发展需求的同时,有力带动了我国与中东欧国家间的智力资源流动。本指标通过与面向中东欧国家培养人才、面向中东欧国家科研人员交流活跃度,以及吸引中东欧国家人才规模3个维度,反映中国主要城市与中东欧国家的智力流动水平。

综合来看,在智力流动二级指标中,排名前1/3的城市有无锡、长春、重庆、宁波、西安、杭州、哈尔滨和南京(图2-37)。其中无锡在该指标上的表现位列第一,体现出无锡积极利用国际青年学者论坛等活动,为与中东欧国家科研人员交流搭建平台,推进与中东欧国家科研人员的交流互访。同时无锡作为外籍人才眼中最具吸引力的中国城市之一,多措并举引进中东欧国家人才,为与中东欧国家的创新合作提供了有益探索和积极贡献。除无锡外，其他7个城市的得分表现均超过平均值，表明这些城市充分发挥了中国—中东欧合作机制的建设性作用，为其他城市与国际上中小国家间平等友好人才交流提供了样板典范。

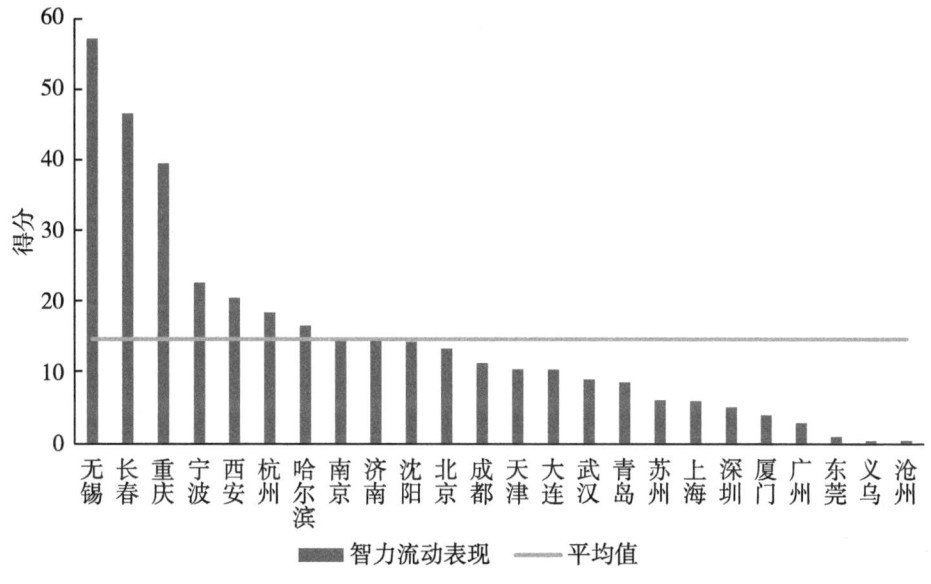

图2-37 各城市在智力流动指标上的表现

（1）面向中东欧国家培养人才

面向中东欧国家培养人才在增强与中东欧国家开放创新合作的内生动力方面具有重要作用，有利于拓宽青年人才的国际化视野，加快区域国际化人才培养理念孕育和完善制度建设。

综合来看，在面向中东欧国家培养人才的三级指标中，排名前1/3的城市有长春、哈尔滨、西安、沈阳、济南、杭州、宁波和成都（图2-38）。其中长春在该指标上的表现明显好于其他城市。长春积极构建与中东欧高校间的合作伙伴关系和网络，近年来共有15所高校加入中国—中东欧国家高校联合会。哈尔滨不断加大与中东欧的特色教育合作，建设了哈工大"一带一路"智库国际硕士班，发挥中东欧国家留学生资源集中的优势，为建立中国与中东欧国家友好关系搭建更多智力桥梁。西安有多所高校与中东欧高校保持密切合作关系，如西安交通大学与波兰格但斯克科技大学等高校联合发起了"中国—中东欧高校联合会工学学科建设共同体"，西安电子科技大学连续2年获中国—中东欧国家高校联合教育项目资助。

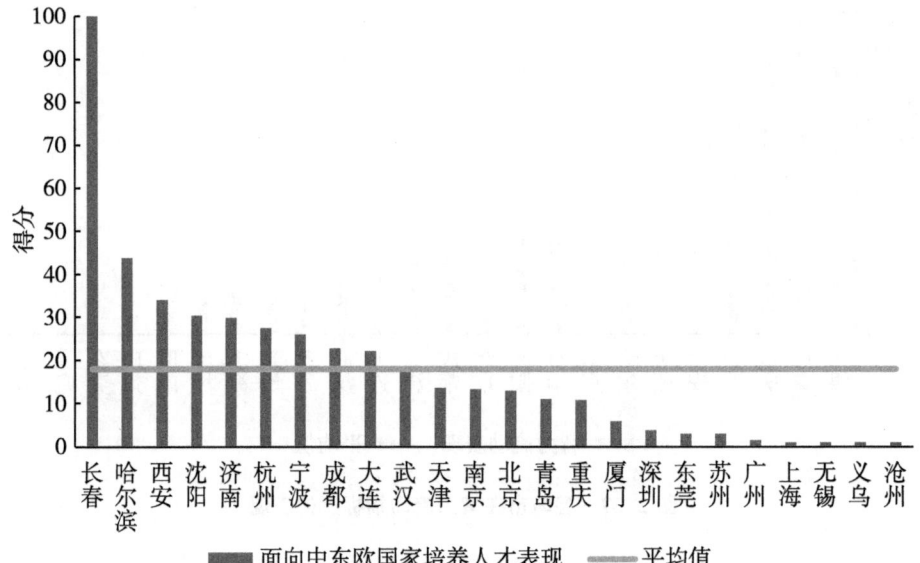

图 2-38 面向中东欧国家培养人才的得分排名

专栏 2-2

建立中国—中东欧国家高校联合会，
织密教育合作与交流网络

2013年，李克强同志在罗马尼亚首都布加勒斯特出席中国—中东欧国家领导人会晤期间，与中东欧国家共同发表了《中国—中东欧国家合作布加勒斯特纲要》，并提出积极探讨建立中国—中东欧国家高校联合会。

为落实领导人会晤精神，在中华人民共和国教育部的支持下，依托中国—中东欧教育政策对话会议框架，中国—中东欧高校联合会于2014年9月正式成立。联合会中方秘书处工作由中国教育国际交流协会承担，中东欧方秘书处由各国轮值担任。联合会本着"相互尊重、平等互利、合作共赢"的宗旨原则，通过搭建中国与中东欧高校间的合作伙伴关系与合作平台，充分发挥成员高校的主动性与积极性，整合与共享资源，深化中国与中东欧各国教育交流，并以点带面推动中国与中东欧国家全方位合作，夯实区域经济建设、文化进步和社会可持续发展的民意基础。截至2022年底，联合会共由来自12个中东欧国家超过31所大学，以及国内30个省（区、市）的272所高校组成。

此外，为推动高校间合作走深走实，由教育部国际合作与交流司指导，中国教育国际交流协会依托中国—中东欧国家高校联合会，设立了"中国—中东欧国家高校联合教育"国际科技合作项目，鼓励和资助中国与中东欧国家高校在不同层次和领域开展合作交流，每年资助10余所高校承担相关项目，资助3万~15万元不等的项目经费。合作项目自2019年启动来，已连续4年组织有关高校开展申报活动。项目资助的交流合作包括联合研究、学术交流（论坛、学术会议等）、课程开发与合作以及联合实验室建设等形式；涉及双方共同关切的领域，包括医疗与生物技术、计算机及网络安全、人工智能、先进制造、新能源与新材料和数字经济等。

(2) 面向中东欧国家科研人员交流活跃度

面向中东欧国家开展科研人员的交流互访，有利于促进双、多边科研人员间面对面的对接与交流，增进各方对彼此的了解，夯实科技创新合作基础。

在面向中东欧国家科研人员交流活跃度三级指标中，排名前 1/3 的城市包括重庆、无锡、长春、南京、杭州、宁波、西安和北京（图 2-39），且各城市表现全部超过平均水平。其中重庆在该指标上的表现明显好于其他城市，体现出重庆与中东欧国家在科技教育人员交流合作方面取得了积极成效。数据显示，重庆与中东欧国家间科研人员互访交流人次占本地对外科研人员互访交流总人次的 11.3%。此外，重庆大学与塞尔维亚诺维萨德大学签订了加强学术交流与人才培养合作的备忘录，不断拓展中塞两国科学家和研究人

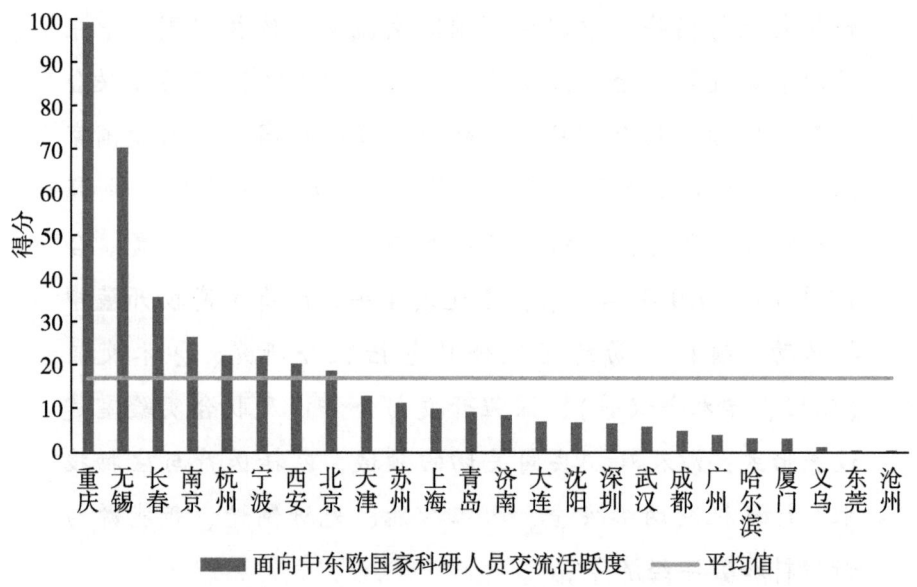

图 2-39　各城市在面向中东欧国家科研人员交流活跃度指标上的表现

员的交流渠道。无锡通过实施对外友好交流"深耕计划",支持高校、科研机构与企业在中东欧国家构建海外合作网络,促进了与中东欧国家科学家和研究人员之间的相互了解,为合作奠定了坚实基础。

(3) 吸引中东欧国家人才

中东欧国家拥有良好的工业基础和产业教育资源,科学教育水平也较高,是欧洲专业技术人才输出的主要来源地。加大力度促进与中东欧国家之间的人才流动,既可以弥补我国城市发展的人才结构性需求,也能带动提升中东欧国家人才的国际化视野,促进更长远可持续的区域间创新合作。

在吸引中东欧国家人才三级指标中,排名前1/3的城市有无锡、宁波、北京、上海、重庆、西安、成都和沈阳(图2-40),各城市表现均超过平均水平。从引进中东欧科研人才占当地引进海外科研人才总数的比例来看,近年来无锡采用"以赛引才"模式,

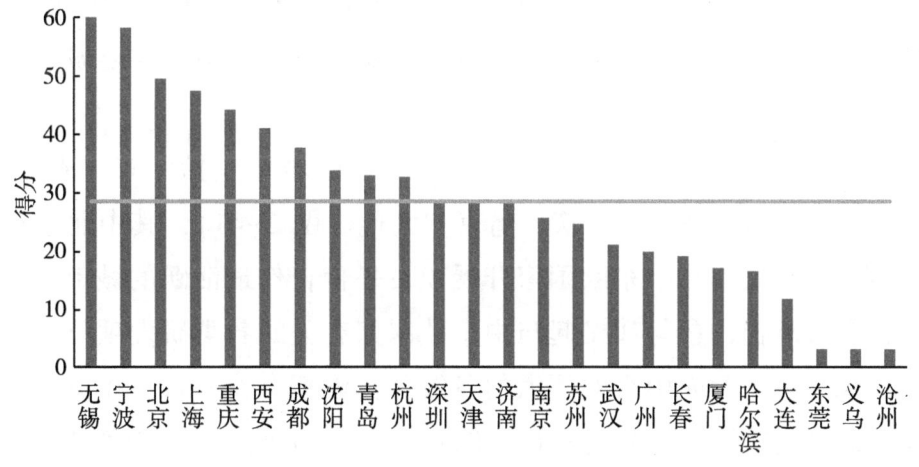

图2-40 各城市在吸引中东欧国家人才指标上的表现

针对重点产业发展方向，开办创新创业大赛，吸引海外人才，在该指标上的表现好于其他城市。宁波将全球人才视作本地经济发展的战略性资源，设立中国（宁波）—中东欧引智工作站，与100余所中东欧高等院校、科研院所建立了合作联系，引进数十名全职院士、教授等高层次人才；同时，还依托中国—中东欧经贸合作示范区优势，支持高校、科研院所及企业"走出去"设立创新孵化中心以直接对接海外人才。从引进中东欧科研人才的绝对数量来看，北京、上海2个城市仍名列前茅，近年来各引进中东欧国家各领域人才逾百人。

2. 项目平台

各重点城市面向中东欧国家实施的科研合作项目和设立的科研合作平台是双方开展创新合作的重要载体。本指标通过横向比较各城市在各自科研经费投入体量下，面向中东欧国家实施的国家级、省部级及自主科研合作项目数量，以及与中东欧国家联合设立的国家和机构间创新合作平台载体数量2个维度，反映中国主要城市与中东欧国家的项目平台建设水平。

在项目平台二级指标中，排名前1/3的城市包括北京、成都、哈尔滨、上海、杭州、重庆、南京和大连（图2-41），其中北京和成都是中国城市与中东欧国家开展项目平台合作最活跃的城市。哈尔滨积极承担、参与和发起与中东欧国家有关的各类研发项目，主动申请并设立面向中东欧国家的各级各类创新合作平台，在该指标上的表现也较好。除上述3个城市外，其他9个城市的表现均超过平均水平，表明这些城市与中东欧国家在联合研发与平台建设方面合作也十分密切。

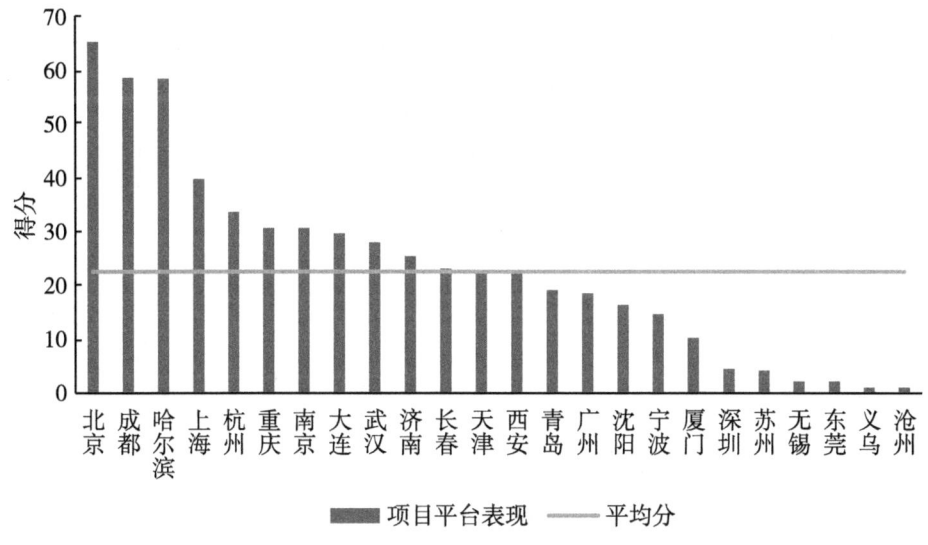

图 2-41　各城市在项目平台指标上的表现

(1) 面向中东欧国家的科研项目合作

科研合作项目在推动中国城市与中东欧国家开展合作，携手解决产业发展、共同挑战等难题方面具有直接作用，能有效响应中国与中东欧国家的需求，并进一步带动和促进科学家和机构间的交流与合作。

综合来看，在与中东欧国家科研项目合作的三级指标中，排名前1/3的城市有成都、哈尔滨、杭州、济南、南京、上海、大连和重庆（图2-42），且各城市表现全部超过平均水平。从相对于科研投入的合作项目数量来看，成都和哈尔滨在该指标上的表现明显好于其他城市，表明两个城市在单位科研投入下与中东欧国家各类创新主体实施的科研合作项目数量较多；从中国城市与中东欧国家科研合作项目的绝对数量来看，近半的项目集中于北京和上海，广州、成都、南京的项目数也超千项；从合作项目领域分布来看，中国城市近年来与中东欧国家在医药与卫生健康、新材料、农业、生命科学与生物技术、信息通信、能源、先进制造和环境等领域合作较为密切，合作项目数均超千项；从合作项目国别分布来看，与中东欧国家近 2/3 的科研合作项目，集中于波兰、捷克、匈牙利、克罗地亚、希腊 5 国。

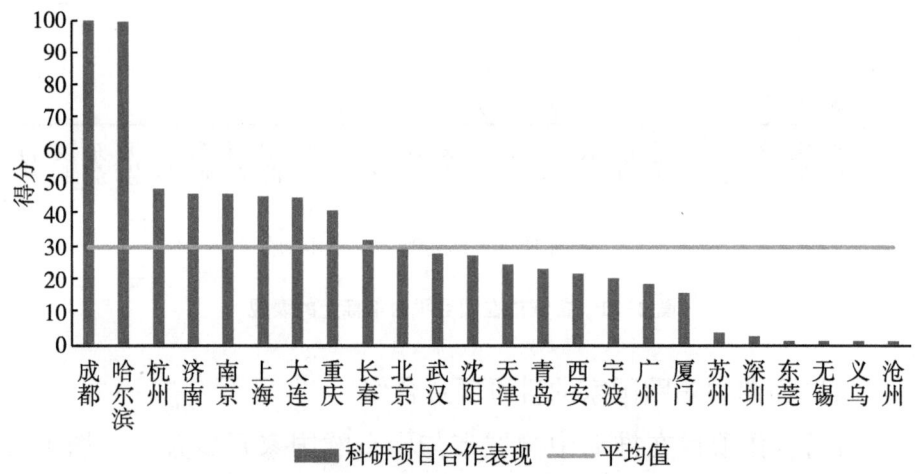

图 2-42 各城市在与中东欧国家的科研项目合作指标上的表现

（2）面向中东欧国家的创新合作平台

设立面向中东欧国家的科技创新合作平台，有利于推进与中东欧国家的长期稳定的机制性创新合作，深化中国与中东欧国家开展包括科学、技术、人才、产业和政策对接等多角度的交流与合作。

在面向中东欧国家的创新合作平台三级指标中，排名前 1/3 的城市是北京、上海、武汉、西安、天津、重庆、杭州和广州（图 2-43），反映出这些城市以平台为牵引，通过承建如联合研究中心、联合实验室等各类国家级合作基地（平台），与中东欧国家的相关机构共建或自主挂牌成立合作平台等方式，不断推动与中东欧创新合作走深走实。其中，北京依托属地众多高校、科研院所、企业以及协会、联合会等,共建了约115个面向中东欧的创新合作平台,占全国该类平台的比例逾1/4。上海和武汉充分利用本地基础研究和产业优势,面向中东欧科技资源相对密集的波兰、罗马尼亚、捷克、匈牙利等国分别成立各类合作平台39个和32个,有力保障了对中东欧创新合作的稳定性和可持续性。此外,西安、天津、重庆、杭州、广州等城市,也分别建成了超过20个面向中东欧的合作平台,位居中国城市前列。

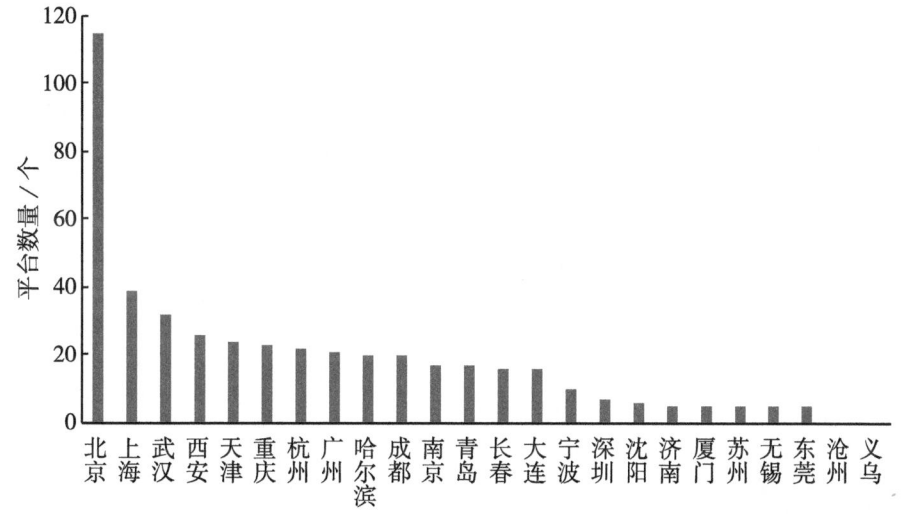

图2-43 各城市面向中东欧国家的创新合作平台建设情况

此外,公开资料显示,"一带一路"联合实验室是推动"创新丝绸之路"建设、加快共建"一带一路"高质量发展的重要抓手。目前全国共设立了8家面向中东欧国家的"一带一路"联合实验室,分别位于上海(3家)、北京(2家)、成都(1家)、厦门(1家)和青岛(1家)。

3. 知识创造

国际科研合作是中国与中东欧国家科学研究的关键特征，各城市与中东欧国家的开放创新合作带动了科学知识的产出和论文的发表。通过对国际科研合著论文的文献计量分析，定量测度科研合作成果成效是国际通行的方法。本指标通过各城市与中东欧国家科研合著论文、科研合作强度、合著论文影响力3个维度，反映中国主要城市与中东欧国家的知识创造水平。

综合来看，在知识创造二级指标中，排名前1/3的城市有北京、南京、武汉、上海、厦门和广州（图2-44）。其中北京富集的科技创新和教育资源为其带来了强大的知识创造能力和成果，同时也提升了我国与中东欧国家的科研合作水平。除北京外，另有10个城市的表现超过平均水平，表明这些城市与中东欧国家科研合作十分紧密，不断结出硕果。

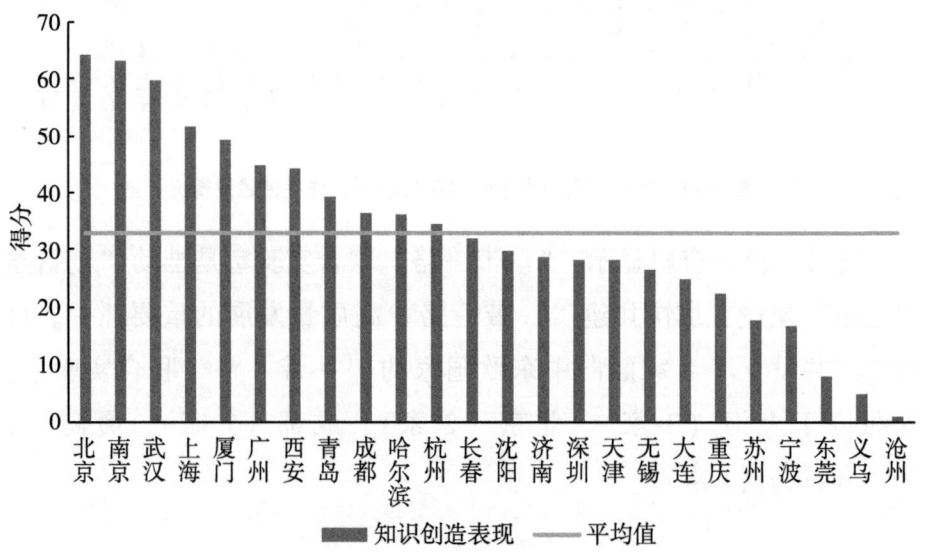

图2-44 各城市在知识创造指标上的表现

（1）与中东欧国家科研合著论文

论文是科学研究的重要产出形式，论文的规模、质量和影响力直接体现了一个国家的科研实力和知识创造能力。与中东欧国家科研机构合作发表的科研论文，反映了中国城市与中东欧国家的科研合作的成果成效。

综合来看，在与中东欧国家科研合作论文的三级指标中，排名前八的城市有南京、武汉、哈尔滨、西安、北京、青岛、广州和长春（图2-45），且各城市表现均超过平均水平。其中，南京的表现明显优于其他城市，表明2018—2022年，在单位科研投入下，南京与中东欧国家联合发表的科研合作论文产出最多。如河海大学依托其与捷克、波兰、保加利亚、斯洛文尼亚等8个国家的23位国际知名专家合作成立的"一带一路"基础设施安全与健康外国专家工作室，在工程安全与健康诊断方面与中东欧国家开展了联合研发与交流，发表多个联合研究成果。武汉依托中国地质大学（武汉）等8

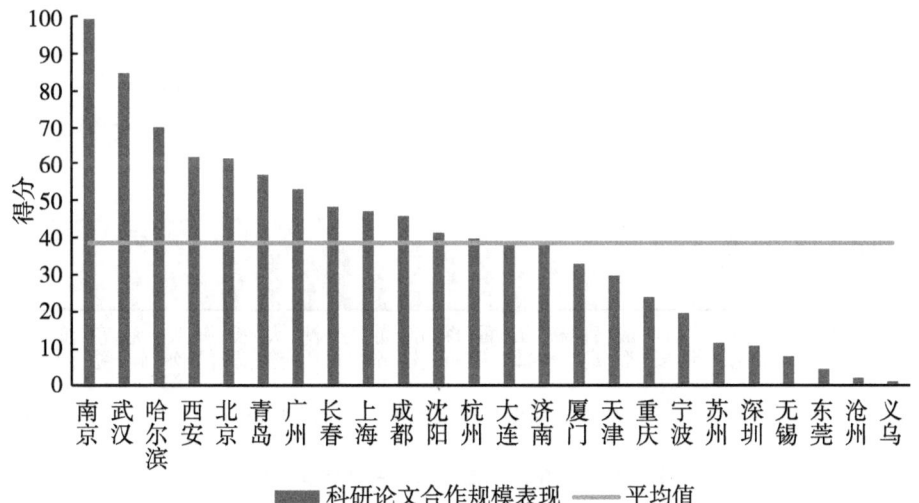

图2-45 各城市在与中东欧国家科研论文合作规模指标上的表现

所中国—中东欧国家高校联合会的成员高校，与中东欧国家的高校学者合作产出了多篇高质量的科研合作论文。

(2) 对中东欧国家科研合作强度

科研合著论文的规模能反映出一个城市或一个国家在世界科研合作网络和学术共同体中的位置和作用，科研合作强度能有效反映在总体合作态势下，一个城市与特定合作伙伴间的科研合作紧密程度。

在与中东欧国家科研合作强度的三级指标中，排名前1/3的城市有北京、上海、南京、武汉、广州、西安、成都和青岛（图2-46），且各城市表现均超过平均水平。其中，北京与中东欧国家的科研合作强度遥遥领先，与北京拥有丰富的科研机构、高校以及优秀的科研、人力资源密切相关。另外，上海、南京、武汉受益于较高的国际化水平以及充裕的科研资源，与中东欧国家在不同领域产出了广泛的科研合作成果，科研合作强度分别位居第2、第3、第4位。

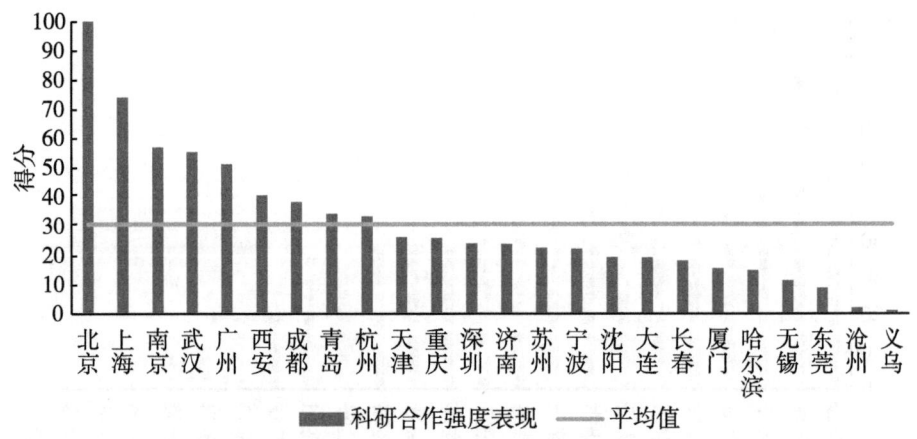

图2-46 各城市在与中东欧国家科研合作强度指标上的表现

(3) 与中东欧国家合著论文影响力

中国与中东欧国家都是世界科技创新的重要力量，科研合作有助于实现优势互补。与中东欧国家合著论文的学术影响力，能够带动提升各城市的学术影响力。

在与中东欧国家合著论文影响力的三级指标中，排名前1/3的城市有厦门、无锡、深圳、武汉、上海、南京、北京和杭州（图2-47），且各城市表现全部超过平均水平。其中，厦门与中东欧国家合著论文的引文影响力高达7.43，远超全球科研论文影响力的平均水平（1.0），表现优异；无锡、深圳与中东欧国家科研合著论文影响力也比较高，都超过了4.0。

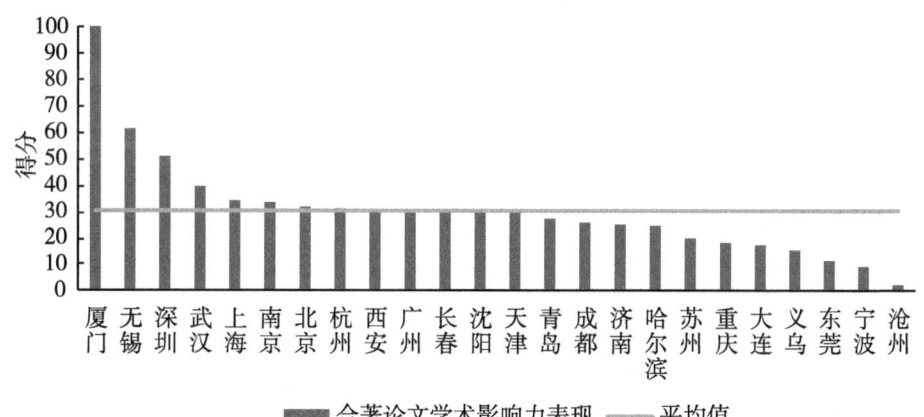

图2-47 各城市在与中东欧国家合著论文学术影响力指标上的表现

4. 产业创新

中国与中东欧国家产业创新各具特色、各有优势，合作空间巨大，中国城市与中东欧国家以进出口贸易为基础，助推中国与中东欧国家的产业创新与合作发展。本指标通过面向中东欧国家的进出口规模、面向中东欧国家的高新产业出口规模2个维度，反映中国主要城市与中东欧国家在产业创新合作方面取得的成果与成效。

综合来看，在产业创新二级指标中，排名靠前的城市包括上海、深圳、广州、宁波、杭州、苏州、重庆、北京等（图2-48）。其中上海在该指标上的表现明显好于其他城市，体现出了其在与中东欧国家的产业创新合作的显著优势。除上海外，其他9个城市的得分表现均超过平均值，表明这些城市与中东欧国家的产业创新合作已经取得了一定进展，为未来进一步巩固相互创新合作关系奠定了坚实基础。

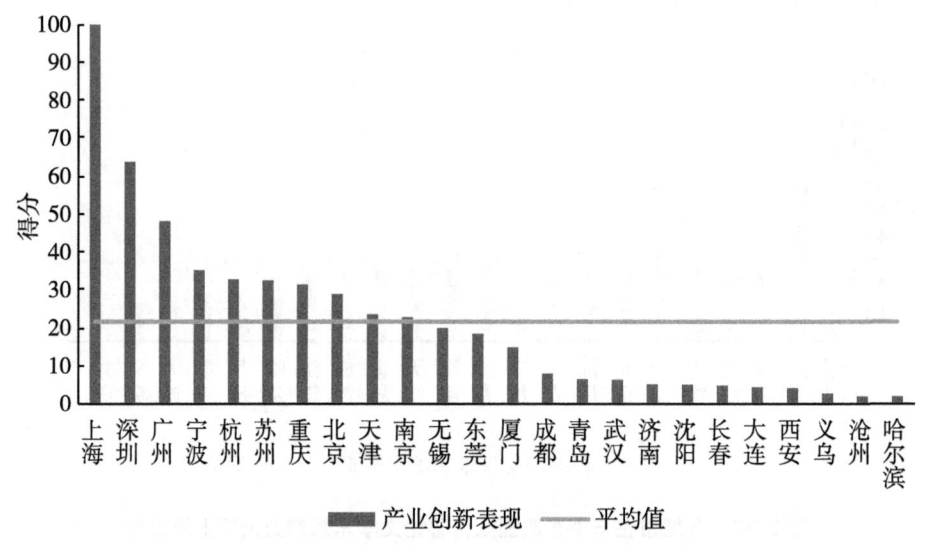

图2-48 各城市在产业创新指标上的表现

（1）面向中东欧国家的进出口规模

与中东欧国家的进出口贸易，一方面有利于中国城市与中东欧国家相互拓展国际市场，提升产品知名度和全球竞争力，另一方面也促进了双方资金、知识和技术的交融交汇，进而带动经济与社会的全面发展。

综合来看，在面向中东欧国家的进出口规模的三级指标中，排名前八的城市有上海、深圳、宁波、广州、北京、杭州、苏州和天津（图2-49），且各城市表现均超过平均水平。其中，上海和深圳在该指标上表现优秀。近年来，上海依托中国国际进口博览会、中东欧农产品进口主题对话会等活动，持续推进与中东欧国家各领域贸易往来。2022年上海对中东欧国家进出口总额达1 022.87亿元，为双方产业创新合作提供了多层次渠道；"湾区号"中欧班列进一步带动了深圳与中东欧国家的进出口贸易，2021年进出口总额达622.7亿元。宁波的表现也非常抢眼，2022年宁波与中东欧国家的全年进出口额共计450.4亿元，规模位列第三，体现了宁波市外向型经济的特点，以及在与中东欧国家经贸合作中取得的显著成效。

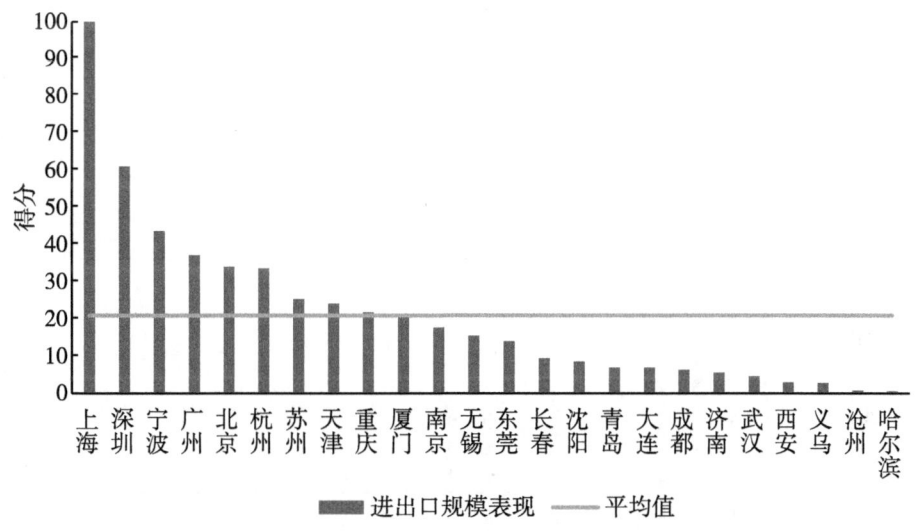

图2-49　各城市在面向中东欧国家的进出口规模指标上的表现

（2）面向中东欧国家的高新产业出口规模

近年来，中国城市在部分领域高新技术产品出口方面取得巨大成就。面向中东欧国家出口高新技术、先进适用技术和成熟配套技术等，不仅提升了中国城市对外贸易合作水平，也有助于中东欧国家实现技术进步，进而促进双方共同发展。

综合来看，在面向中东欧国家的高新产业出口规模的三级指标中，排名前1/3的城市有上海、深圳、广州、重庆、苏州、杭州、南京和宁波（图2-50），且各城市表现均超过平均水平。其中，上海在该指标上的表现明显好于其他城市，表明上海依托"创新策源"优势，科技创新能级不断提升，创新成果加速产业化，进而带动面向中东欧国家的高新产业出口规模不断扩大。2022年上海对中东欧国家高新产业出口达407.26亿元，同比增长31.19%。深圳高新技术产业经过30多年的发展，产值已突破3万亿元，其近年来也积极推进面向中东欧国家的高新技术产品出口。此外，重庆得益于中欧班列（渝新欧）不断完善的物流运输体系，带动该地面向中东欧国家的高新产业出口不断增长，2022年重庆对中东欧国家高新产业出口

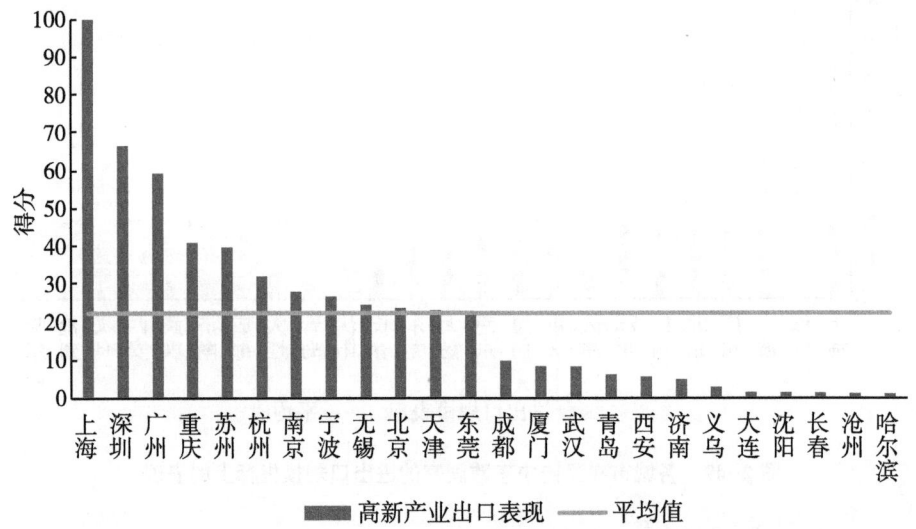

图2-50　各城市在面向中东欧国家的高新产业出口规模指标上的表现

达 167.67 亿元。

专栏 2-3

深入开展产业创新合作 河北钢铁集团
聚力打造"一带一路"样板工程

塞尔维亚同我国长期保持友好关系，是中东欧地区第一个与我建立全面战略伙伴关系的国家，也是该地区参与"一带一路"建设最积极的国家之一。为积极响应国家关于"一带一路"建设高质量发展的倡议，不断加快"走出去"步伐，河北钢铁集团公司（以下简称"河钢"）于2016年全资收购了位于该国的斯梅代雷沃钢厂，并成立河钢塞尔维亚钢铁公司（以下简称"河钢塞钢"）。

斯梅代雷沃钢厂于1913年成立，是塞尔维亚唯一一家国有支柱性钢铁企业。在被河钢收购前，该厂已先后经历破产出售、美国钢铁公司注资撤资，处于停产或半停产状态，濒临倒闭。河钢紧抓欧洲产业资本重组"窗口期"，加快全球化布局钢铁产业链建设，完成对斯梅代雷沃钢厂的收购。凭借发展国际化与效益本土化相结合的优秀生产管理模式，连续亏损7年的钢铁公司在被河钢收购的当年底，即实现扭亏为盈。数据显示，河钢塞钢出口量在2016年下半年大幅增加，并在当年底成为该国第二大出口企业。同年，习近平主席在出访塞尔维亚途中，参观了该企业，勉励把河钢塞钢打造成中国与中东欧国家产能合作和"一带一路"建设样板工程。

截至2022年底，河钢塞钢为当地提供了超5 000个工作岗位，带动该厂所在的斯梅代雷沃市年财政收入达到原来的 2 倍多。该厂依托河钢全球营销资源，不断开拓南欧、西欧以及土耳其、美国等国家和地区市场，在技术工艺、总体产值等重要指标上，都达到了斯梅代雷沃钢厂成立百余年来的最高纪录，单厂对塞尔维亚国内生产总值贡献率近 2%。

专栏 2-4

中国新能源企业与匈牙利开启电动汽车产业创新合作新篇章

匈牙利是首个与我国签署"一带一路"合作谅解备忘录的欧洲国家，作为中国企业进入欧洲市场的重要桥头堡，是中企在中东欧地区投资最为集中的国家之一。近年来，匈牙利紧抓汽车电动化浪潮，将新能源电动汽车制造产业作为国民经济发展的主攻方向之一，积极吸引包括比亚迪、蔚来、亿纬锂能、恩捷股份等中国业内龙头企业建厂或建立研发中心；同时，与宝马、奥迪、韩国 SK 等国际知名企业开建整车或零部件（动力电池）生产线。目前，匈牙利已经成为世界第五大电池生产国和重要的电动车生产基地。

成立于 2011 年的宁德时代，是我国率先进入特斯拉等国际顶尖车企供应链的锂离子动力电池制造厂商。2022 年，宁德时代全球出货量约 53 GWh，市场占有率高达 43.4%，连续两年位居世界第一。随着欧洲新能源汽车行业对动力电池需求的蓬勃发展，2022 年 8 月，宁德时代宣布在匈牙利东部城市德布勒森建设电池工厂，规划产能为 100 GWh，投资金额 73.4 亿欧元。该建设项目是匈牙利历史上最大的一笔外国投资。

　　合作项目建成后将成为欧洲最大的电池工厂,将创造逾9 000个工作岗位,带动匈牙利电动汽车产业发展,巩固匈牙利电动汽车产业的优势地位,推动其进入全球新能源汽车供应链的前沿。同时,该项目对宁德时代优化完善海外产能布局,促进"出海"和长期稳定发展具有重要意义。项目对奔驰、宝马和大众等欧洲汽车制造商的供货能力,也将有利于推动欧洲传统汽车行业向新能源转型。

　　该笔投资也是中匈产业创新深入合作的重要成果,为双边关系可持续、高质量发展注入了强劲动能,推动中匈两国合作成为中国—中东欧国家合作机制的典范,进而为中国与其他中东欧国家的交往合作起到引领和示范作用。

四、中国城市群对中东欧国家的开放创新合作表现

　　城市群是城市发展的最高空间组织形式,具体表现为科技创新能力显著增强、创新资源要素不断集聚、开放创新合作十分活跃等。当前,伴随我国由高速增长阶段转向高质量发展阶段,创新合作的空间载体也必然以城市群的形态发展为趋势。在形成开放创新合力的过程中,城市群的发展可带动传统的"城市竞争"转变为新时期的"城市竞合",进而促进更大范围的资源汇聚和要素自由流动。

　　在中国与中东欧国家创新合作机制中,城市层面的开放创新合

作，必然影响到周边城市的对外开放和交流合作。本章在前几部分分析中国城市与中东欧国家开放创新合作现状的基础上，进一步按城市群①分析其与中东欧国家创新合作的表现，以带动提升区域间创新合作协调性，助力打造与中东欧国家开放创新合作共同体。

从城市群合作看，成渝城市群在与中东欧国家开放创新合作中表现突出（图2-51），其次是长江中游城市群（武汉）和关中平原城市群（西安）。成渝城市群中的重庆、成都在对中东欧合作中表现均十分优秀，尤其是开放沟通与交流、创新实力与生态、合作成果与成效3个一级指标表现比较均衡。

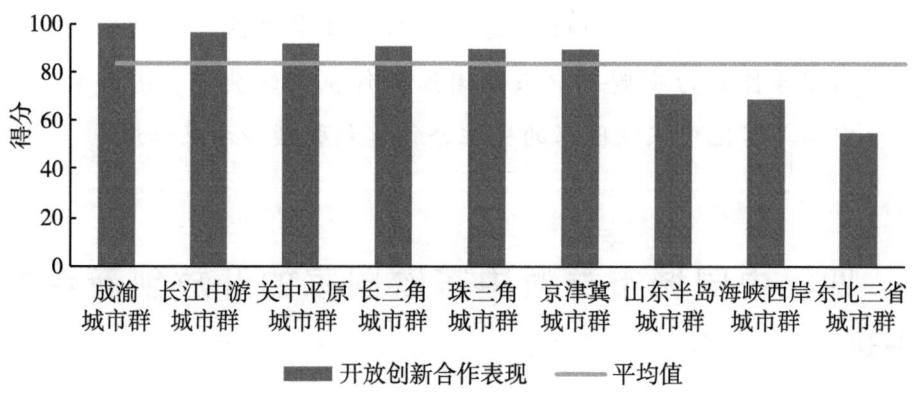

图2-51 中国主要城市群与中东欧国家开放创新合作表现

（一）开放沟通与交流表现

从城市群合作看，关中平原城市群（西安）在与中东欧国家开放沟通与交流中表现突出（图2-52），其次是京津冀城市群和成渝城市群。西安带动了关中平原城市群对中东欧国家的交流往来，尤

---

① 目前9个城市群中，关中平原城市群、长江中游城市群和海峡西岸城市群仅分别包含了西安、武汉和厦门3个城市，尚未将周边城市情况纳入统计中。

其是在设施联通方面表现突出。如2022年西安中欧班列开行数量、货运量、重箱率三项核心指标位居全国首位。

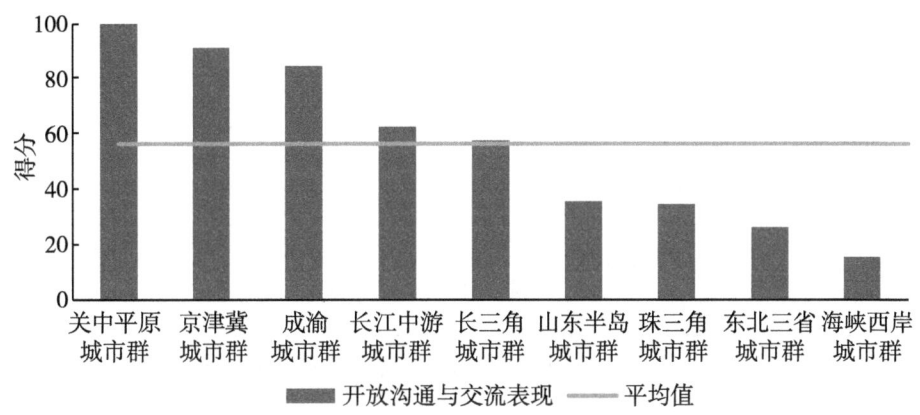

图 2-52 中国主要城市群与中东欧国家开放沟通与交流表现

京津冀城市群与中东欧国家在政策融通方面表现抢眼（图2-53），在基础设施联通上也方便快捷。例如，在航空联络方面，天津于2022年开通了赴塞尔维亚的航线，在有效促进国际交流、商务往来的同时，也让京津冀地区与中东欧地区更方便、快捷地联通；在铁路联络方面，2022年，京津冀地区首列直通捷克的中欧班列从石家庄国际陆港启程，进一步提升京津冀地区对中东欧国家的辐射能力。成渝城市群在政策融通和设施联通上也表现亮眼（图2-53、图2-54）。设施联通上，2022年，中欧班列（成渝号）合计开行量超过5 000列。重庆和成都正以成渝地区双城经济圈建设为契机，以中欧班列为纽带，稳步推进中国—中东欧国家地方合作机制建设。在民心相通方面，以武汉为代表的长江中游城市群表现明显好于其他城市群（图2-55）。武汉作为"一带一路"重要节点城市，近年来持续加大对外开放力度，与中东欧国家保持密切的文化交流合作，如参加匈牙利"杰尔国际儿童节""杰尔国际图书展"，举办荆楚文化欧洲行等人文活动，为促进长江中游城市群与中东欧国家开放创新合作建立了人文纽带、奠定了社会根基。

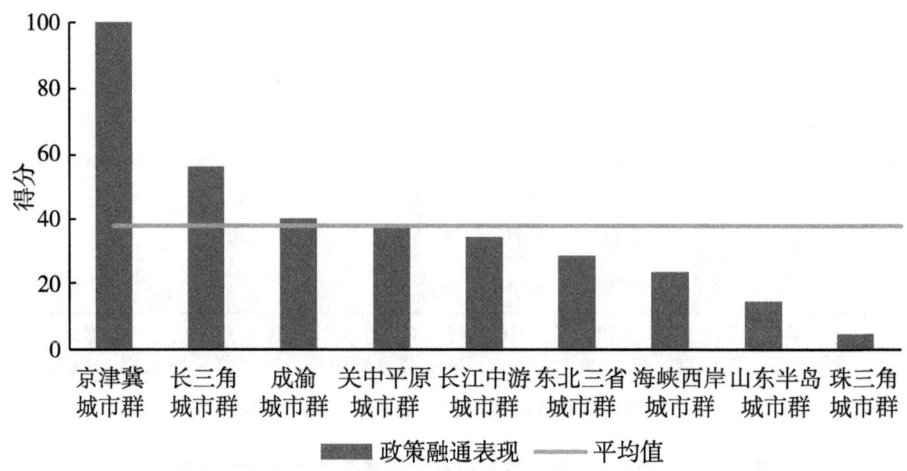

图 2-53 中国主要城市群与中东欧国家政策融通表现

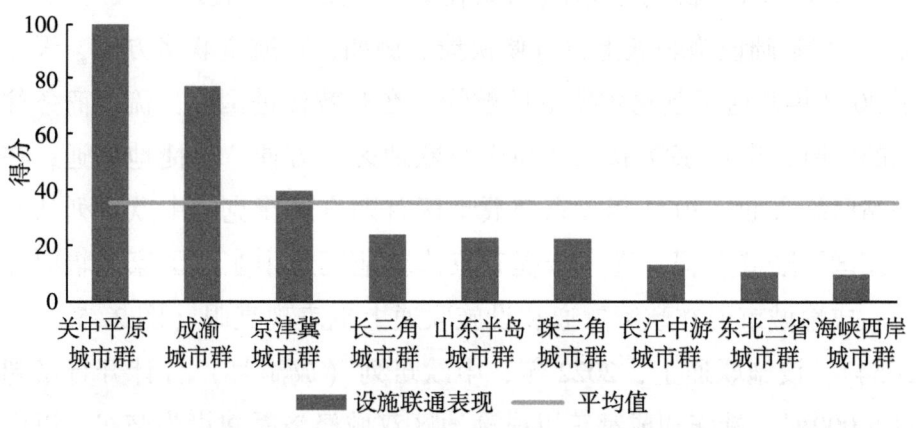

图 2-54 中国主要城市群与中东欧国家设施联通表现

值得一提的是，东北三省城市群也在通过组织三省一区与中东欧国家地方交流合作对接会，邀请匈牙利、捷克、塞尔维亚等中东欧国家地方政府领导人出席并开展政策对话沟通等举措，积极探索本区域与中东欧国家的创新合作联合推进机制。

第二章 指数研究篇

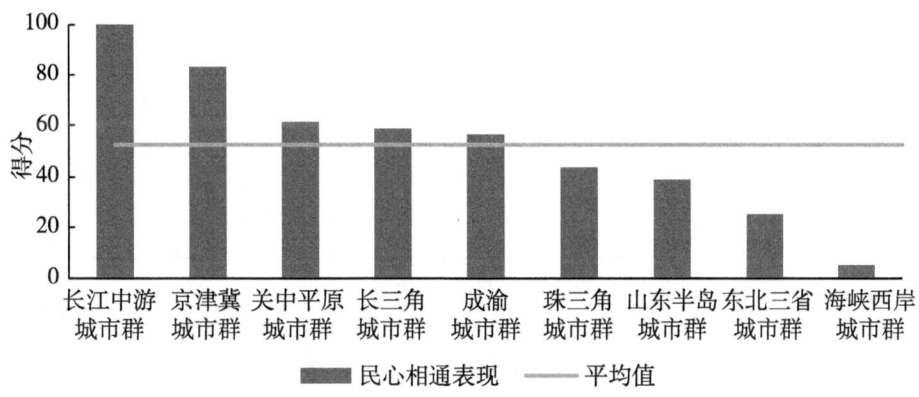

图 2-55 中国主要城市群与中东欧国家民心相通表现

（二）创新实力与生态表现

珠三角城市群的创新实力与生态表现较为突出（图 2-56），其次是长江中游城市群（武汉）和长三角城市群。其中珠三角城市群的创新能力十分强劲（图 2-57），创新生态上表现优秀（图 2-58），吸引人才方面也表现不俗（图 2-59）。长三角城市群在吸引人才方面表现突出，在科技创新实力和创新生态构建上也表现较好。

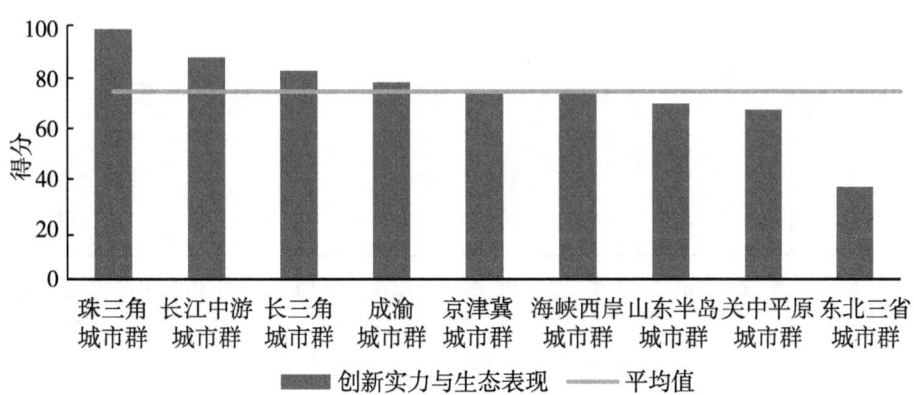

图 2-56 中国主要城市群创新实力与生态表现

中国（城市）—中东欧国家开放创新合作研究报告（2023）

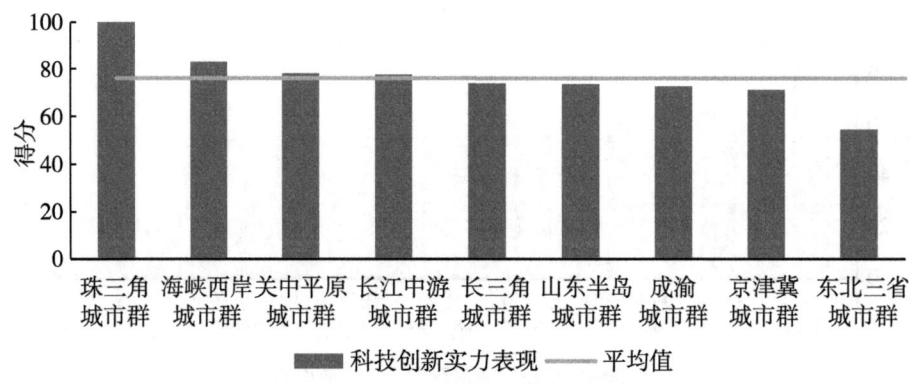

图 2-57　中国主要城市群科技创新表现

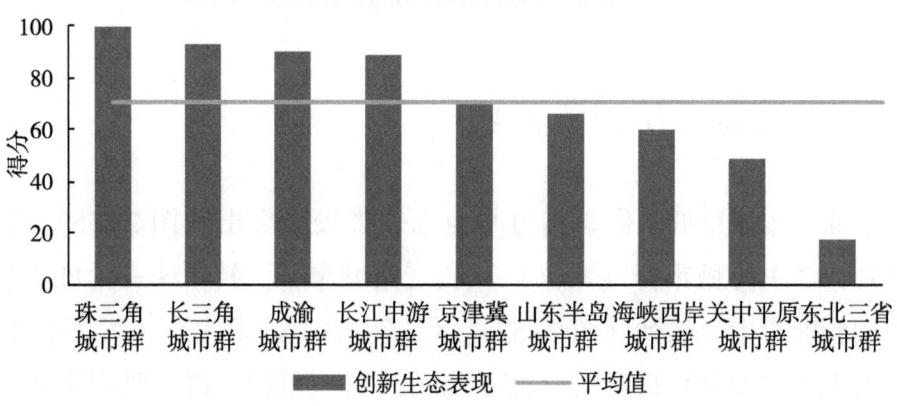

图 2-58　中国主要城市群创新生态表现

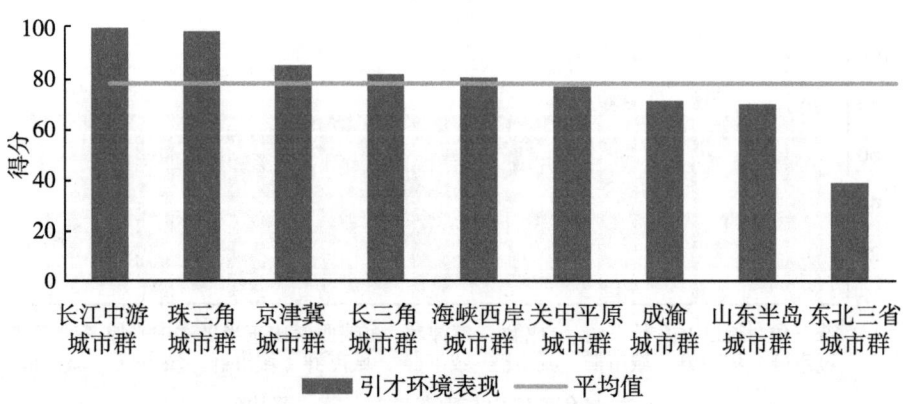

图 2-59　中国主要城市群引才环境表现

（三）合作成果与成效表现

成渝城市群与中东欧国家的创新合作成果成效表现较为突出（图2-60），其次是东北三省城市群和长江中游城市群（武汉）。其中成渝城市群得益于与中东欧国家在智力流动上表现十分突出（图2-61），同时科研项目合作、平台联合建设（图2-62）以及产业创新方面表现也较好，因此成果成效综合情况位居前列。

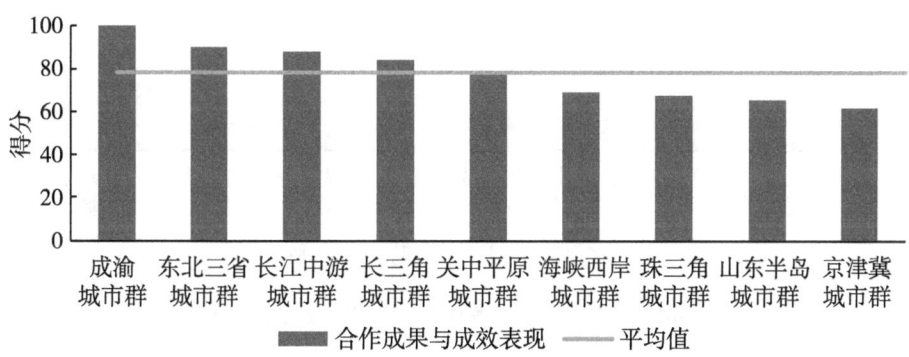

图2-60 中国主要城市群与中东欧国家合作成果与成效表现

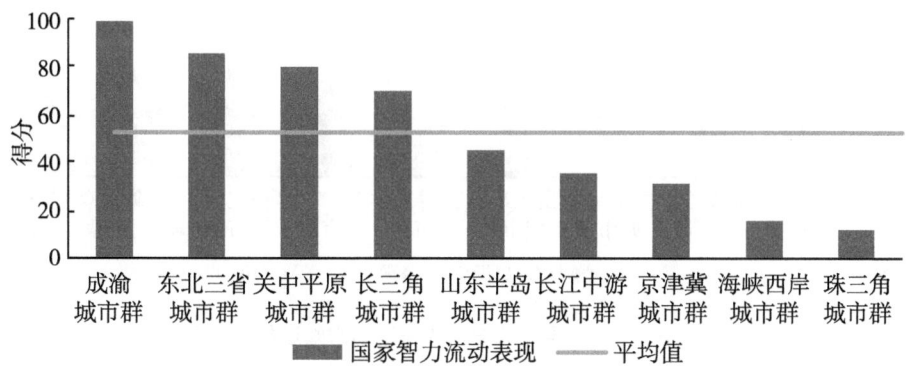

图2-61 中国主要城市群与中东欧国家智力流动表现

东北三省城市群在科研项目合作和平台建设方面（图 2-62）表现突出，面向中东欧国家的智力流动方面也比较优秀（图 2-61），知识创造方面表现较好（图 2-63），但在产业创新方面表现欠佳（图 2-64）。同时，以武汉为代表的长江中游城市群，在科研项目合作和平台建设、知识创造方面表现均衡，虽然智力流动和产业创新方面表现一般，但仍然位列城市群前三。

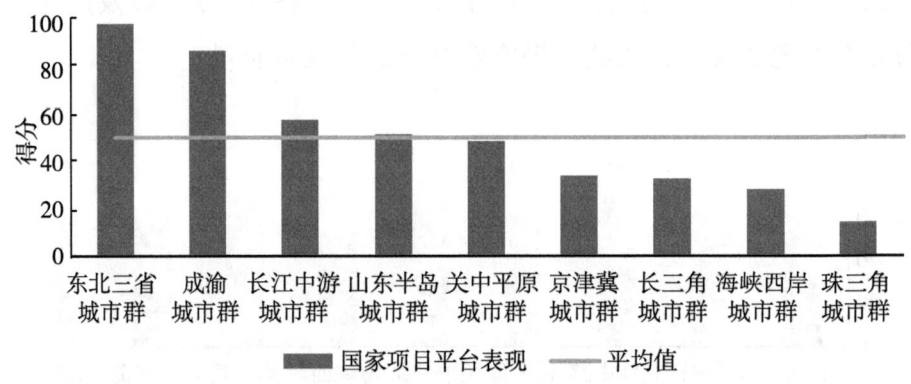

图 2-62　中国主要城市群与中东欧国家项目平台表现

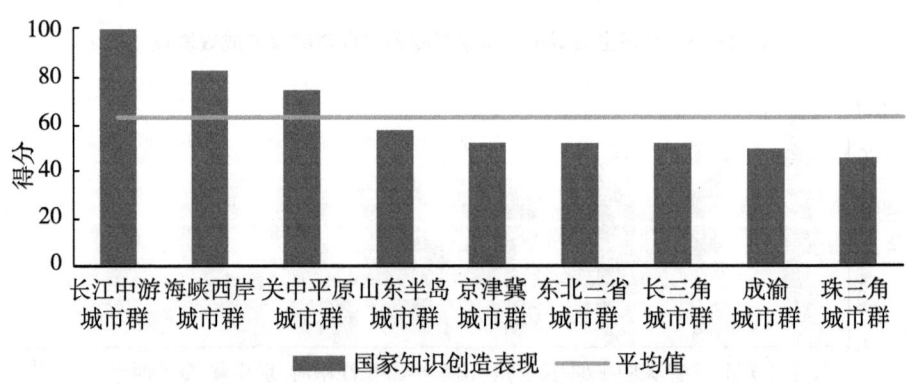

图 2-63　中国主要城市群与中东欧国家知识创造表现

此外，长三角、珠三角城市群在与中东欧国家的创新合作成果成效表现方面分别位列第四和第七（图 2-60），是由于在智力流动、科研项目合作和平台建设、知识创造指标方面，消除城市群的规模效应后，其比较优势不再明显。但是长三角、珠三角在产业创新方面的表现依然强劲（图2-64）。数据显示，2023年前几个月全国进出口规模较大的城市中，一半以上的城市位于长三角和珠三角地区。

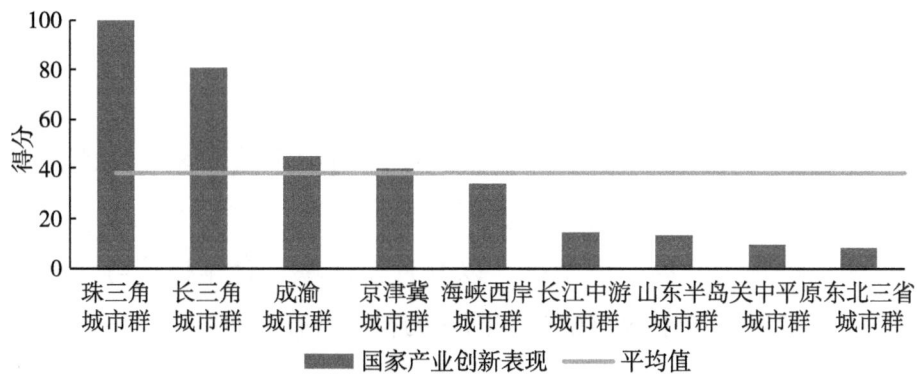

图 2-64　中国主要城市群与中东欧国家产业创新表现

第三章　科研合作篇

本篇采用文献计量分析方法，对中国与中东欧国家（中东欧各国）以及中国重点城市与中东欧国家国际科研合作论文的数量、学科、引文影响力、高被引情况，以及合作区域、合作机构等进行了分析，客观反映了中国与中东欧国家的科研合作特征。

一、中国与中东欧国家的科研合作

（一）中国与中东欧国家科研合作总体情况

2012—2021年，中国与中东欧国家合作发表论文共计33 039篇，合作论文引文影响力（CNCI）[①]值为2.65，其中高被引论文共1 799篇。

[①] CNCI（Category Normalized Citation Impact）即学科规范化引文影响力，简称引文影响力。一篇论文的CNCI值是通过其实际被引次数除以同文献类型、同出版年、同学科领域文献的期望被引次数获得的，计算公式为：CNCI=C/E，其中C表示该论文的被引次数，E表示全球范围内，所有与该论文相同学科、相同出版年、相同文献类型的论文平均被引次数。CNCI指标消除了出版年、学科领域与文献类型差异造成的影响，不仅可以用以实现跨学科论文学术影响力的比较，并且可以将论文与全球平均水平进行对比；如果CNCI>1，说明该论文的学术表现超过了全球平均水平，反之则说明该论文的学术表现低于全球平均水平。

从合作学科来看，中国与中东欧国家科研合作涉及物理学、临床医学、工程、化学等20余个学科（表3-1），各学科合作论文被引表现均高于全球平均水平。其中物理学合作论文数量最多，达7 387篇，占合作论文总数的22.36%（图3-1），临床医学合作论文的引文影响力最高达6.6。

表3-1 中国与中东欧国家合著论文学科分布情况（2012—2021年）

序号	合作学科	合作论文数	引文影响力值CNCI
1	物理学	7 387	2.45
2	临床医学	3 329	6.60
3	工程	3 064	1.78
4	化学	2 941	1.45
5	材料科学	2 235	1.29
6	数学	2 055	2.56
7	空间科学	1 614	3.25
8	动植物学	1 569	2.40
9	环境与生态	1 542	2.12
10	地球科学	1 222	1.98
11	计算机科学	1 109	2.02
12	生物学与生物化学	877	2.03
13	分子生物学与遗传学	781	3.77
14	农业科学	562	1.80
15	社会科学	535	2.53
16	精神病学与心理学	467	3.96
17	药理学与毒理学	463	1.41
18	神经科学与行为学	406	3.06
19	免疫学	285	3.31
20	微生物学	277	1.81

数据来源：WoS数据库。

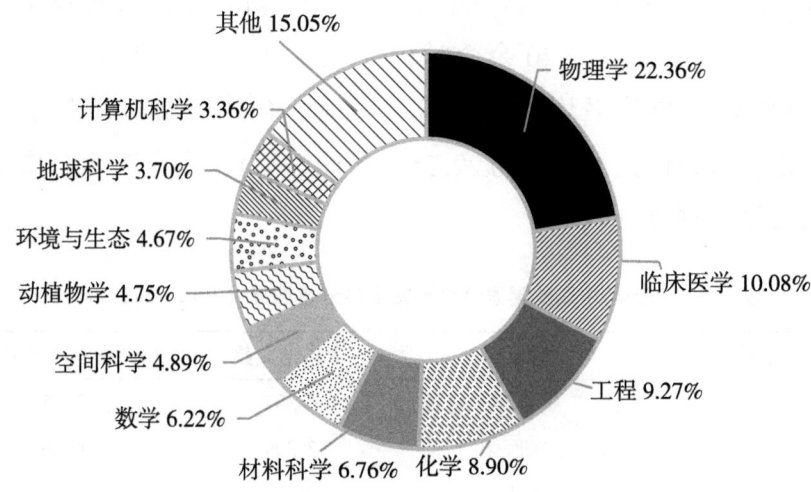

图 3-1 中国与中东欧国家合著论文领域分布占比（2012—2021 年）

从合作区域来看，北京、上海、江苏、广东和湖北是中国与中东欧国家科研合作发文规模排名前五的地区（表 3-2）。其中北京与中东欧国家的科研合作规模最大，高被引论文数最多；内蒙古与中东欧国家科研合作论文的引文影响力位列全国第一；其他地区与中东欧国家的科研合作论文被引表现均高于全球平均水平（CNCI>1）。

表 3-2 中国与中东欧国家合著论文区域分布情况

序号	省（区、市）	合作论文数	CNCI	高被引论文数
1	北京	10 493	3.58	744
2	上海	4 836	3.89	363
3	江苏	4 072	3.41	278
4	广东	3 825	3.68	262
5	湖北	2 989	3.71	239
6	安徽	2 784	2.28	120
7	山东	2 317	3.25	149
8	浙江	1 802	3.06	108
9	四川	1 791	3.00	106
10	辽宁	956	2.56	49

(续表)

序号	省（区、市）	合作论文数	CNCI	高被引论文数
11	天津	922	4.32	85
12	湖南	910	5.53	86
13	陕西	839	1.83	36
14	甘肃	795	2.14	28
15	重庆	717	3.70	48
16	河南	608	2.37	30
17	福建	580	2.91	43
18	云南	532	3.31	46
19	吉林	483	3.64	40
20	黑龙江	414	2.74	34
21	广西	397	3.12	30
22	河北	275	2.23	11
23	贵州	252	4.19	31
24	江西	226	3.38	11
25	山西	214	2.08	5
26	新疆	209	4.13	20
27	海南	142	3.09	9
28	内蒙古	104	6.77	10
29	青海	66	1.56	1
30	宁夏	36	6.51	9
31	西藏	11	2.52	0

数据来源：WoS 数据库。

从合作机构来看，中国与中东欧国家合著论文规模排名前十的机构如表 3-3 所示，其中清华大学与中东欧国家科研合作论文规模最大，上海交通大学与中东欧国家的科研合作论文引文影响力最高，其他机构与中东欧国家合作论文的被引表现也均高于全球平均水平。

表 3-3　中国与中东欧国家合作发文规模前 10 的机构

序号	机构名称	合著论文数	CNCI
1	清华大学	2 559	4.13
2	北京大学	2 551	3.32

(续表)

序号	机构名称	合著论文数	CNCI
3	中国科学院高能物理研究所	2 444	2.84
4	中国科学技术大学	2 107	2.44
5	中国科学院大学	1 833	2.46
6	上海交通大学	1 771	5.67
7	中山大学	1 699	4.55
8	山东大学	1 522	3.04
9	南京大学	1 392	5.25
10	北京航空航天大学	1 039	1.85

数据来源：WoS 数据库。

中东欧国家与中国合作发文规模最大的 20 所机构如表 3-4 所示。其中，波兰上榜机构数量最多（5 家），特别是波兰科学院与中国的合作发文数达 4 688 篇，位列所有中东欧国家机构中第一位。同时，波兰华沙大学与中国机构的科研合作论文的引文影响力达 4.79，显著高于其他中东欧国家科研机构。

表 3-4　中东欧国家与中国合作发文规模最大的 20 所机构

序号	机构名称	合作论文数	CNCI	序号	机构名称	合作论文数	CNCI
1	波兰科学院	4 688	2.98	11	考门斯基大学（斯洛伐克）	2 231	2.94
2	匈牙利科学院	4 196	3.04	12	国立核研究中心（波兰）	2 191	3.45
3	捷克科学院	3 865	2.56	13	克拉科夫 AGH 科技大学（波兰）	2 187	2.48
4	查理大学（捷克）	3 760	3.29	14	斯洛伐克科学院	2 012	2.42
5	雅典大学（希腊）	3 290	3.63	15	保加利亚科学院	2 000	2.51

(续表)

序号	机构名称	合作论文数	CNCI	序号	机构名称	合作论文数	CNCI
6	匈牙利维格纳物理研究中心	3 232	3.14	16	斯洛文尼亚科学与艺术研究院	1 960	2.20
7	贝尔格莱德大学（塞尔维亚）	2 927	4.29	17	捷克技术大学	1 951	2.41
8	波兰科学院核物理研究所	2 656	2.42	18	Jozef Stefan 研究所（斯洛文尼亚）	1 878	2.24
9	霍里亚·胡鲁比国家物理和核工程研究所（罗马尼亚）	2 551	2.33	19	捷克科学院物理研究所	1 866	2.44
10	雅典国立技术大学（希腊）	2 240	2.29	20	华沙大学（波兰）	1 840	4.79

数据来源：WoS 数据库。

（二）中国与中东欧各国科研合作情况

2012—2021 年中国与中东欧各国的科研合作论文情况如表 3-5 所示，其中中国与波兰的科研合作论文发文规模最大、高被引论文数量也最多，分别为 13 020 篇和 802 篇。中国与捷克、希腊、匈牙利和罗马尼亚的科研合作论文规模和高被引论文数量，位列第二至第五位。与中国合著论文引文影响力最高的国家是波黑，约为中东欧国家平均水平的 2 倍；同时，波黑与中国的科研合作论文中，高被引论文占 13.67%（图 3-2），也领先中东欧其他国家。从合作学科看，中国与中东欧各国合作重点集中在物理学、临床医学、化学、数学、工程等学科，与各国合作的主要学科总体差异不大（各国主要合作学科详见附录Ⅲ）。

表 3-5 中国与中东欧各国的合作论文情况（2012—2021 年）

序号	国家	合作论文规模	CNCI	高被引论文数	重点合作领域
1	波兰	13 020	3.25	802	•物理学 •临床医学 •工程
2	捷克	9 413	2.82	534	•物理学 •动植物学 •临床医学
3	希腊	7 605	3.47	519	•物理学 •临床医学 •工程
4	匈牙利	6 628	3.45	431	•物理学 •临床医学 •化学
5	罗马尼亚	5 929	3.53	425	•物理系 •数学 •临床医学
6	塞尔维亚	3 787	3.99	271	•物理学 •临床医学 •数学
7	斯洛文尼亚	3 362	2.96	199	•物理学 •临床医学 •化学
8	斯洛伐克	3 286	3.55	211	•物理学 •工程 •临床医学
9	克罗地亚	2 985	3.89	212	•物理学 •临床医学 •化学
10	保加利亚	2 590	3.86	180	•物理学 •化学 •临床医学
11	北马其顿	283	3.85	18	•临床医学 •物理学 •工程
12	黑山	207	2.51	4	•物理学 •临床医学 •数学

(续表)

序号	国家	合作论文规模	CNCI	高被引论文数	重点合作领域
13	波黑	139	7.75	19	● 临床医学 ● 数学 ● 精神病学与心理学
14	阿尔巴尼亚	131	4.63	9	● 数学 ● 临床医学 ● 环境与生态

数据来源：WoS 数据库。

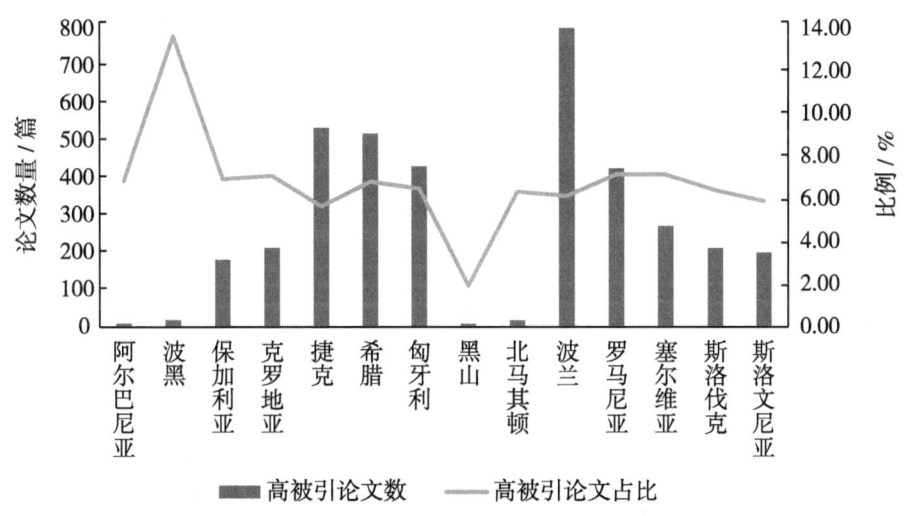

图 3-2　中国与中东欧各国的合著高被引论文数量及占比情况

二、中国城市与中东欧国家的科研合作

从合作规模来看，2018—2022 年中国 24 个城市与中东欧国家合作发表科研论文共计 28 920 篇（图 3-3）。北京、上海、南京、武汉、广州、西安、成都、杭州 8 个城市与中东欧国家科研合作论文

发表规模位居前列，且均超过千篇。其中，北京与中东欧国家的科研合作论文数量超过 7 200 篇，约占 24 个城市发文总量的 1/4。

从合作影响力来看，24 个城市科研合作论文的引文影响力中位数约为 2.92，均值约为 3.02，厦门（7.95）、北京（3.16）、上海（3.46）、广州（3.54）、武汉（3.49）和南京（3.48）等科教资源密集的 11 个城市的合作论文引文影响力高于平均水平。其中，厦门通过与中东欧国家开展"少而精"的科研合作，合作论文的影响力上大幅超过科教资源强市。去掉厦门和沧州（0.92）后，其余城市的合作论文引文影响力中位数（2.92）与平均数（2.89）较为相近，显示出其他大部分中国城市与中东欧国家科研合作论文的影响力较为均衡。

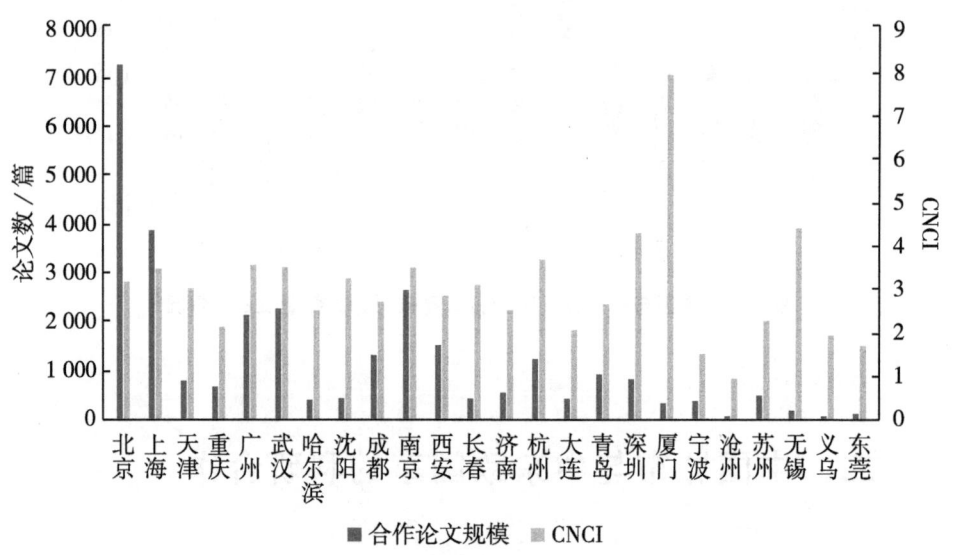

图 3-3　中国城市与中东欧国家科研合作论文发文规模和影响力（2018—2022 年）

从合作学科来看，中国城市主要与中东欧国家在物理学①、材料科学、环境科学、化学②、数学等20余个学科开展了较为密切的科研合作（表3-6）。其中，物理学的合作论文数最多，达12 444篇，约占中国城市与中东欧国家联合发表论文总数的43.0%；材料科学次之，发文2 540篇，约占总数的8.9%。24个城市中有10个城市的第一发文细分学科为粒子与场物理，该学科发表论文数超过4 877篇；其他发文较多的细分学科还有，天文学与天体物理（3 129篇）、核物理（1 464篇）等，显示出中国城市与中东欧国家在开展基础研究国际合作方面较强的动力。

表3-6 中国城市与中东欧国家科研合作的主要机构与学科

序号	城市	主要合作机构	合作细分学科
1	北京	●中国科学院 ●中国科学院大学 ●清华大学 ●北京大学 ●中国科学院高能物理研究所	●粒子与场物理 ●天文学与天体物理 ●核物理 ●环境科学 ●多学科物理
2	上海	●上海交通大学 ●复旦大学 ●同济大学 ●中国科学院上海应用物理研究所 ●中国科学院上海天文台	●粒子与场物理 ●天文学与天体物理 ●核物理 ●多学科材料科学 ●多学科物理
3	天津	●南开大学 ●天津大学 ●天津医科大学 ●河北工业大学 ●天津工业大学	●粒子与场物理 ●心血管系统 ●多学科材料科学 ●环境科学 ●应用数学

---

① 含粒子与场物理、天文学与天体物理、核物理、应用物理、凝聚态物理、流体与等离子体物理等学科领域分支。
② 含无机化学、有机化学、分析化学、物理化学、生物化学、高分子化学等学科领域分支。

（续表）

序号	城市	主要合作机构	合作细分学科
4	重庆	●重庆大学 ●重庆邮电大学 ●西南大学 ●重庆医科大学 ●陆军军医大学	●多学科材料科学 ●应用物理 ●物理化学 ●光学 ●粒子与场物理
5	广州	●中山大学 ●华南师范大学 ●华南理工大学 ●暨南大学 ●广州大学	●粒子与场物理 ●天文学与天体物理 ●多学科物理 ●环境科学 ●核物理
6	武汉	●华中师范大学 ●武汉大学 ●华中科技大学 ●华中农业大学 ●武汉理工大学	●粒子与场物理 ●天文学与天体物理 ●核物理 ●多学科物理 ●环境科学
7	哈尔滨	●哈尔滨工业大学 ●哈尔滨工程大学 ●东北林业大学 ●哈尔滨医科大学 ●东北农业大学	●多学科材料科学 ●数学 ●环境科学 ●应用物理 ●应用数学
8	沈阳	●东北大学 ●中国医科大学 ●中国科学院沈阳应用生态研究所 ●辽宁大学 ●沈阳农业大学	●环境科学 ●粒子与场物理 ●多学科材料科学 ●天文学与天体物理 ●心血管系统
9	成都	●电子科技大学 ●四川大学 ●西南交通大学 ●四川农业大学 ●成都信息工程大学	●多学科材料科学 ●流体与等离子体物理 ●应用数学 ●环境科学 ●粒子与场物理
10	南京	●南京大学 ●东南大学 ●南京师范大学 ●南京农业大学 ●南京信息工程大学	●粒子与场物理 ●天文学与天体物理 ●环境科学 ●多学科材料科学 ●电气与电子工程
11	西安	●西安交通大学 ●西北工业大学 ●陕西师范大学 ●西安理工大学 ●长安大学	●多学科材料科学 ●能源与材料 ●应用物理 ●环境科学 ●电气与电子工程

(续表)

序号	城市	主要合作机构	合作细分学科
12	长春	• 吉林大学 • 中国科学院长春应用化学研究所 • 东北师范大学 • 中国科学院长春光机所 • 中国科学院东北地理与农业生态研究所	• 粒子与场物理 • 多学科材料科学 • 多学科化学 • 应用物理 • 物理化学
13	济南	• 山东大学 • 济南大学 • 山东师范大学 • 齐鲁工业大学 • 山东第一医科大学	• 粒子与场物理 • 天文学与天体物理 • 核物理 • 多学科材料科学 • 电气与电子工程
14	杭州	• 浙江大学 • 浙江工业大学 • 浙江理工大学 • 杭州师范大学 • 浙江工商大学	• 粒子与场物理 • 天文学与天体物理 • 多学科材料科学 • 环境科学 • 多学科物理
15	大连	• 大连理工大学 • 辽宁师范大学 • 大连外国语大学 • 中国科学院大连化学物理研究所 • 大连医科大学	• 粒子与场物理 • 天文学与天体物理 • 人工智能 • 多学科材料科学 • 语言学
16	青岛	• 青岛大学 • 中国海洋大学 • 山东科技大学 • 青岛理工大学 • 崂山实验室	• 粒子与场物理 • 天文学与天体物理 • 核物理 • 多学科物理 • 环境科学
17	深圳	• 深圳大学 • 南方科技大学 • 中国科学院深圳先进技术研究院 • 香港中文大学（深圳） • 鹏城实验室	• 多学科材料科学 • 物理化学 • 应用物理 • 多学科化学 • 电气与电子工程
18	厦门	• 厦门大学 • 中国科学院城市环境研究所 • 集美大学 • 华侨大学 • 厦门理工学院	• 多学科材料科学 • 环境科学 • 物理化学 • 公共、环境与职业卫生 • 天文学与天体物理

（续表）

序号	城市	主要合作机构	合作细分学科
19	宁波	● 宁波大学 ● 中国科学院宁波材料技术与工程研究所 ● 宁波诺丁汉大学 ● 宁波工程学院 ● 宁波职业技术学院	● 多学科材料科学 ● 物理化学 ● 环境科学 ● 多学科化学 ● 生物医学工程
20	沧州	● 沧州市人民医院	● 心血管系统 ● 外周血管疾病
21	苏州	● 苏州大学 ● 西交利物浦大学 ● 苏州科技大学 ● 中国科学院苏州纳米技术与纳米仿生研究所 ● 中国科学院苏州生物医学工程技术研究所	● 多学科材料科学 ● 粒子与场物理 ● 应用物理 ● 物理化学 ● 纳米科学与技术
22	无锡	● 江南大学 ● 无锡学院 ● 中国水产科学研究院淡水渔业研究中心 ● 中国船舶科学研究中心 ● 无锡职业技术学院	● 自动控制系统 ● 电气与电子工程 ● 环境科学 ● 多学科化学 ● 生物化学与分子生物学
23	义乌	● 复旦大学义乌研究院	● 多学科化学 ● 能源与材料
24	东莞	● 东莞理工学院 ● 松山湖材料实验室	● 多学科材料科学 ● 粒子与场物理 ● 多学科物理 ● 物理化学 ● 应用物理

从合作机构来看，双方合著论文逾千篇的有 6 家、逾百篇的有 59 家。其中中国科学院是我国与中东欧国家合作最紧密的机构，共有 22 家分支机构位列所在城市发文最多的前 10 家单位，合作发表论文数逾 9 894 篇，占总数的比例达 34.2%。中国科学院大学、清华大学、北京大学、上海交通大学、中山大学和复旦大学是发文最多的 6 所大学，合计发文 8 672 篇，占总数的比例约为 30.0%。合作机构的

分布领域较广,除自然科学和工程技术领域外,还有工商、农林、水利等。医学类高校和科研院所与中东欧国家合作也较为密切,超过 14 家机构发文居所在城市前列。这些都显示出中国城市面向中东欧国家科研合作机构布局层级丰富、领域多样的特点。

从合作城市群来看,包括 1 个直辖市、7 个地级市和 1 个县级市在内的长三角地区,在与中东欧联合发文规模上位居各城市群之首(图 3-4),发文量超过 8 700 篇,平均引文影响力达 2.95,超过中国城市的平均水平。以北京为核心的京津冀城市群在北京的带领下,整体发文规模位列城市群第二,但平均 CNCI 值为 2.36,与中国城市整体水平有一定差距。珠三角三城共与中东欧国家联合发文 3 000 余篇,相较长三角和京津冀城市群发文规模差距较为明显,但平均

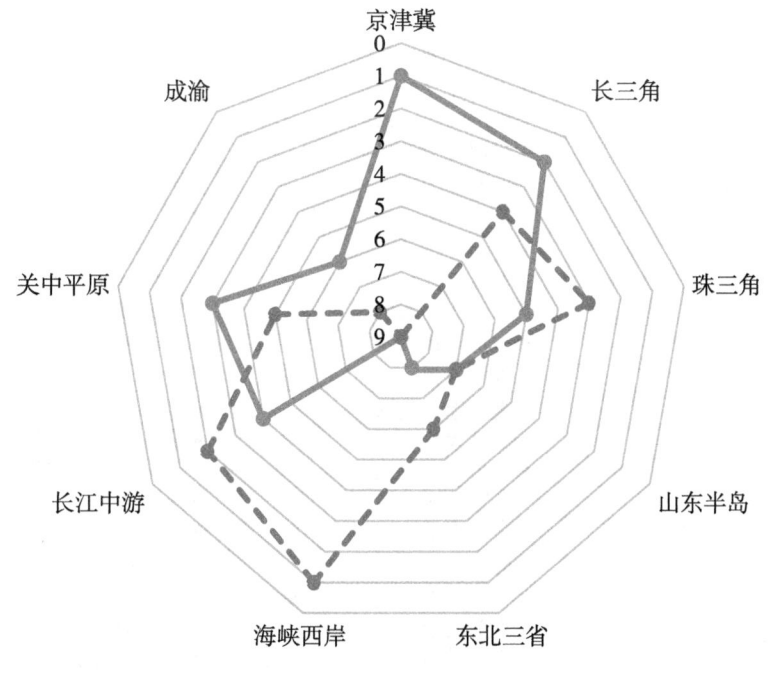

图 3-4 中国城市群与中东欧国家科研合作论文发文规模与影响力(2018—2022 年)

CNCI 值近 3.20，是包括多个城市的城市群中科研合作论文引文影响力最高的。此外，成渝地区是各城市群中唯一一个以材料科学作为对中东欧国家主要合作学科的区域，凸显当地科技创新发展的特色。各城市群内的主要合作机构和合作细分学科，详见表 3-7。

表 3-7 中国城市群与中东欧国家科研合作主要机构与学科

城市群名称	主要合作机构	合作细分学科
京津冀（北京、天津、沧州）	● 中国科学院 ● 中科院大学 ● 清华大学 ● 北京大学 ● 中国科学院高能物理研究所	● 粒子与场物理 ● 天文学与天体物理 ● 核物理 ● 环境科学 ● 多学科材料科学
长三角（上海、南京、杭州、宁波、苏州、无锡、义乌）	● 上海交通大学 ● 复旦大学 ● 南京大学 ● 浙江大学 ● 东南大学	● 粒子与场物理 ● 天文学与天体物理 ● 多学科材料科学 ● 环境科学 ● 核物理
珠三角（广州、深圳、东莞）	● 中山大学 ● 华南师范大学 ● 深圳大学 ● 华南理工大学 ● 暨南大学	● 粒子与场物理 ● 天文学与天体物理 ● 多学科材料科学 ● 多学科物理 ● 物理化学
山东半岛（济南、青岛）	● 山东大学 ● 青岛大学 ● 中国海洋大学 ● 山东科技大学 ● 济南大学	● 粒子与场物理 ● 天文学与天体物理 ● 核物理 ● 多学科材料科学 ● 多学科物理
东北三省（哈尔滨、沈阳、长春、大连）	● 大连理工大学 ● 吉林大学 ● 哈尔滨工业大学 ● 辽宁师范大学 ● 东北大学	● 粒子与场物理 ● 多学科材料科学 ● 天文学与天体物理 ● 环境科学 ● 多学科化学
海峡西岸（厦门）	● 厦门大学 ● 中国科学院城市环境研究所 ● 集美大学 ● 华侨大学 ● 厦门理工学院	● 多学科材料科学 ● 环境科学 ● 物理化学 ● 公共、环境与职业卫生 ● 天文学与天体物理

(续表)

城市群名称	主要合作机构	合作细分学科
长江中游（武汉）	• 华中师范大学 • 武汉大学 • 华中科技大学 • 华中农业大学 • 武汉理工大学	• 粒子与场物理 • 天文学与天体物理 • 核物理 • 多学科物理 • 环境科学
关中平原（西安）	• 西安交通大学 • 西北工业大学 • 陕西师范大学 • 西安理工大学 • 长安大学	• 多学科材料科学 • 能源与材料 • 应用物理 • 环境科学 • 电气与电子工程
成渝（重庆、成都）	• 电子科技大学 • 四川大学 • 重庆大学 • 重庆邮电大学 • 西南大学	• 多学科材料科学 • 应用物理 • 物理化学 • 粒子与场物理 • 环境科学

参考文献

国家发展和改革委员会国际合作中心，2016. 中国区域对外开放指数研究［M］. 北京：人民出版社.

刘作奎，韩萌，2021. 中国—中东欧国家地方合作研究报告［M］. 北京：中国社会科学出版社.

倪鹏飞，2021. 中国城市竞争力报告 NO.19［M］. 北京：中国社会科学出版社.

徐侠民，高聪，2021. 中东欧大数据报告2020［M］. 北京：清华大学出版社.

张建华，2020. 中国与中东欧国家的科技创新合作［M］. 北京：人民出版社.

赵刚，林温霜，董希骁，2022. 中东欧蓝皮书：中东欧国家发展报告（2021）［M］. 北京：社会科学文献出版社.

中国科学技术发展战略研究院，2022. 国家创新指数报告2021［M］. 北京：科学技术文献出版社.

中国科学技术发展战略研究院，科睿唯安，2020. 中国—中东欧国家科技创新积分卡［M］. 北京：科学技术文献出版社.

中华人民共和国科学技术部，2022. 2022国际科学技术发展报告［M］. 北京：科学技术文献出版社.

附录Ⅰ 中国（城市）—中东欧国家开放创新合作指数指标解释

1. 与中东欧国家的高层往来活跃度

定义：中国城市市级领导出访中东欧国家的次数与城市接待中东欧国家来访的次数之和占当地人口的比重，反映该城市与中东欧国家高层网络的活跃程度。

数据来源：新闻媒体

2. 面向中东欧国家的研究智库

定义：中国城市设立的研究领域涉及中东欧国家的智库数量。

数据来源：知网、万方

3. 与中东欧国家的航空便利度

定义：中国城市面向中东欧各国首都开通的航班数量（包含直达和一次转机）[①]，反映该城市到中东欧国家的航空便利度。

数据来源：https://www.flightconnections.com/

[①] 航班数量使用2023年4月23日数据。

4. 与中东欧国家的铁路便利度

定义：中国城市开行的中欧班列数量，反映城市到中东欧国家的铁路便利度。

数据来源：新闻媒体

5. 与中东欧国家的交流密切度

定义：中国城市举办的与中东欧国家有关的会议、论坛等活动次数占当地人口的比重，反映该城市面向中东欧国家交流的紧密程度。

数据来源：新闻媒体

6. 对中东欧国家的关注度

定义：通过一定时间内的搜索频次反映中国城市居民对中东欧国家的关注情况。

数据来源：百度指数

7. 与中东欧国家建立友好城市关系

定义：中国城市与中东欧国家城市结为友好城市的数量。

数据来源：各城市外事办公室

8. 科技创新整体实力

定义：中国城市科技创新发展的综合实力。

数据来源：《中国城市科技创新发展报告》

9. 全职科研人员

定义：城市拥有全职科研人员的数量。

数据来源：各省市区统计年鉴

10. 国际科研合作活跃度

定义：中国城市一段时期内发表的全部科研论文中国际合作类论文的占比，反映该城市国际科研合作的活跃度。

数据来源：Web of Science（WoS）数据库[①]

11. 国际专利活跃度

定义：中国城市通过世界知识产权组织《专利合作条约》（PCT）提交的国际专利申请量占该城市专利申请总量的比重。

数据来源：各省区市知识产权局、智慧芽专利数据库

12. 人才吸引力

定义：从中国城市人才流入占比、人才净流入占比、应届生人才流入占比、海归人才流入占比等四个角度，反映该城对人才的吸引情况。

数据来源：《中国城市人才吸引力排名》

13. 国际化学术环境

定义：指中国城市举办的各类国际学术交流活动中外宾的参与占比情况。

[①] 仅计算学术论文和述评类的文章，下同。

数据来源：《中国国际科技创新合作报告》

14. 吸引外资

定义：指中国城市当年实际使用外资的金额。

数据来源：各省区市统计公报

15. 数字化建设

定义：用中国城市的数字化建设程度排名来反映该城的数字化建设水平和运营效果。

数据来源：《中国城市数字化发展指数》

16. 国际化营商环境

定义：用外国商会组织对在华外资企业开展的中国营商环境调查情况，反映中国城市国际化营商环境的水平。

数据来源：《中国商业环境调查报告》

17. 面向中东欧国家培养人才

定义：用中国城市高校进入中国—中东欧国家高校联合会的数量占当地科研投入的比重，反映该城市面向中东欧国家培养人才的情况。

数据来源：中国—中东欧国家高校联合会成员名单

18. 面向中东欧国家科研人员交流活跃度

定义：指中国城市与中东欧国家科研人员互访交流人次占当地科研人员交流互访总人次数的比重。

数据来源：《中国国际科技创新合作报告》

19. 吸引中东欧国家人才

定义：指中国城市引进的来自中东欧国家的科研人才数量占当地吸引海外人才总数的比重。

数据来源：《中国国际科技创新合作报告》

20. 面向中东欧国家的科研项目合作

定义：用中国城市各类创新主体承担的面向中东欧国家的联合研发项目总数占当地科研投入的比重，反映该城市面向中东欧开展科研项目合作情况。

数据来源：《中国国际科技创新合作报告》

21. 面向中东欧国家的创新合作平台

定义：用中国城市面向中东欧国家设立的，以及与中东欧国家联合设立的科技创新合作平台载体数量占当地科研投入的比重，反映该城市与中东欧国家的合作平台建设情况。

数据来源：《中国国际科技创新合作报告》

22. 与中东欧国家科研合著论文

定义：用中国城市与中东欧国家科研合作论文[①]发文数量占当地研发投入的比重，反映该城市与中东欧国家科研合作论文的产出情况。

数据来源：Web of Science（WoS）数据库

---

① 合著论文是指由2个或2个以上国家和/或地区作者合作发表的被 WoS 收录的论文。

23. 对中东欧国家科研合作强度

定义：用中国城市和中东欧国家之间的国际合著论文规模，以及中国城市与中东欧国家各自的国际合著论文规模情况，经标准化处理后，反映中国城市和中东欧国家的科研合作强度。

计算方式为：

$$合作强度 = \frac{C_{ij}}{\sqrt{C_i \times C_j}}$$

式中，C_{ij} 为中国城市与中东欧国家的合著科研论文总数，C_i 为中国城市科研合著论文总数，C_j 为中东欧国家科研合著论文总数。

数据来源：Web of Science（WoS）数据库

24. 与中东欧国家的合著论文影响力

定义：指中国城市与中东欧国家合著论文相对于同行论文的被引表现。若一篇论文的被引频次为 C，则该论文的影响力值为：$\frac{C}{reference}$，其中 reference（参考文献）为与该论文发表于同一年、同一学科、同一文献类型的全球论文篇均被引频次。若论文的影响力值为1，则表明论文的被引表现与全球平均水平持平。

数据来源：Web of Science（WoS）数据库

25. 面向中东欧国家的进出口规模①

定义：指中国城市面向中东欧国家的货物进出口总额。

---

① 部分无法采集到数据的城市，其规模是采用本地 GDP 占全省 GDP 比重乘以本省与中东欧国家的进出口总额折算而得。

数据来源：各省区市海关

26. 面向中东欧国家的高新产业出口规模①

定义：指中国城市面向中东欧国家的高新技术产品出口额。

数据来源：各省区市商务局、海关

---

① 部分无法采集到数据的城市，其规模是采用本地 GDP 占全省 GDP 比重乘以本省与中东欧国家的高新产业出口总额折算而得。

附录Ⅱ 中东欧国家科技创新数据

（一）研发经费和人员投入

表1 研发投入占国内生产总值的比重 （%）

国家名称	2015年	2016年	2017年	2018年	2019年	2020年	2021年
阿尔巴尼亚	—	—	—	—	—	—	—
波黑	0.22	0.22	0.20	0.19	0.19	0.21	0.19
保加利亚	0.95	0.77	0.74	0.75	0.83	0.85	—
克罗地亚	0.83	0.85	0.85	0.95	1.08	1.24	—
捷克	1.92	1.67	1.77	1.90	1.93	1.99	—
希腊	0.97	1.01	1.15	1.21	1.27	1.50	—
匈牙利	1.34	1.18	1.32	1.51	1.47	1.59	—
黑山	0.37	0.32	0.35	0.50	0.36	—	—
北马其顿	0.44	0.44	0.35	0.36	0.37	0.37	0.38
波兰	1.00	0.97	1.04	1.21	1.32	1.39	—
罗马尼亚	0.49	0.49	0.51	0.50	0.48	0.47	—
塞尔维亚	0.81	0.84	0.87	0.92	0.89	0.91	0.99
斯洛伐克	1.16	0.79	0.88	0.84	0.82	0.90	—
斯洛文尼亚	2.20	2.01	1.87	1.95	2.04	2.14	—

数据来源：联合国教科文组织。

表 2　每百万居民的研究人员（全时当量）

国家名称	2015 年	2016 年	2017 年	2018 年	2019 年	2020 年	2021 年
阿尔巴尼亚	—	—	—	—	—	—	—
波黑	365.23	419.99	485.42	471.25	460.04	451.99	447.22
保加利亚	1 977.29	2 237.29	2 125.18	2 342.87	2 419.96	2 402.12	—
克罗地亚	1 504.18	1 850.50	1 868.34	1 921.13	2 135.44	2 219.83	—
捷克	3 592.07	3 516.17	3 682.03	3 862.68	3 976.00	4 127.93	—
希腊	3 255.99	2 769.90	3 311.45	3 486.72	3 731.05	4 010.34	—
匈牙利	2 589.10	2 645.76	2 921.53	3 873.91	4 057.44	4 357.92	—
黑山	834.62	715.81	702.72	762.97	746.83	—	—
北马其顿	858.45	854.33	729.36	799.27	786.88	786.64	752.78
波兰	2 171.58	2 320.79	3 019.11	3 106.11	3187.84	3 288.17	—
罗马尼亚	876.23	911.59	891.32	882.44	895.97	952.87	—
塞尔维亚	2 071.22	2 132.77	2 079.20	2 087.22	2 098.44	2 167.11	2 230.88
斯洛伐克	2 650.21	2 599.96	2 794.84	2 995.96	3 111.04	3 164.31	—
斯洛文尼亚	3 814.22	3 914.26	4 479.40	4 845.42	5 054.71	4 932.33	—

数据来源：联合国教科文组织。

（二）教育

表 3　政府教育支出　　　　　　　　　　　　　　　　　　（百万美元）

国家名称	2016 年	2017 年	2018 年	2019 年	2020 年	2021 年
阿尔巴尼亚	469.95	470.24	—	603.17	506.78	—
波黑	—	—	—	—	—	—
保加利亚	—	2 412.54	2 684.60	2 892.50	—	—
克罗地亚	—	2 166.93	2 432.36	2 438.10	—	—
捷克	10 900.43	8 321.36	10 622.50	11 471.94	—	—
希腊	—	6 948.77	7 628.14	7 360.63	—	—
匈牙利	5 935.96	6 604.44	7 423.65	6 929.67	—	—
黑山	—	—	—	—	—	—
北马其顿	—	—	—	—	—	—
波兰	21 898.85	24 000.70	27 113.77	27 888.26	—	—

(续表)

国家名称	2016 年	2017 年	2018 年	2019 年	2020 年	2021 年
罗马尼亚	5 606.03	6 552.79	8 076.14	8 953.74	—	—
塞尔维亚	1 479.05	1 639.11	1 814.11	1 863.00	—	—
斯洛伐克	3 508.86	3 761.16	4 195.54	4 517.19	—	—
斯洛文尼亚	2 145.52	2 322.82	2 673.44	2 660.34	—	—

数据来源：联合国科教文组织。

表 4　平均受教育年限　(年)

国家名称	2016 年	2017 年	2018 年	2019 年	2020 年	2021 年
阿尔巴尼亚	—	—	—	—	—	—
波黑	9.69	—	9.81	—	10.54	—
保加利亚	11.23	11.24	—	—	11.41	—
克罗地亚	—	—	—	—	—	—
捷克	12.74	12.79	—	12.87	—	—
希腊	10.25	—	—	—	11.41	—
匈牙利	11.89	—	—	—	12.25	—
黑山	—	—	—	—	—	—
北马其顿	—	—	—	—	10.23	—
波兰	13.00	—	—	—	13.16	—
罗马尼亚	11.08	11.15	—	11.28	—	—
塞尔维亚	11.13	11.16	—	11.37	—	—
斯洛伐克	12.71	12.77	12.87	12.91	—	—
斯洛文尼亚	12.67	12.70	—	12.80	—	—

数据来源：联合国科教文组织。

表 5　高等教育毛毕业率　(%)

国家名称	2016 年	2017 年	2018 年	2019 年	2020 年	2021 年
阿尔巴尼亚	39.70	43.73	45.23	43.22	42.05	43.24
波黑	—	—	31.73	31.41	28.56	28.14

(续表)

国家名称	2016年	2017年	2018年	2019年	2020年	2021年
保加利亚	47.39	48.00	48.32	49.24	48.07	—
克罗地亚	43.42	43.24	43.71	42.63	43.65	—
捷克	38.35	42.19	43.03	43.02	44.87	—
希腊	—	46.14	45.21	44.03	43.99	—
匈牙利	32.05	30.18	32.71	33.29	138.56	—
黑山	—	35.54	—	35.80	—	33.89
北马其顿	—	29.17	26.98	—	25.20	—
波兰	—	48.89	45.39	45.77	46.19	—
罗马尼亚	37.77	—	—	40.43	42.22	—
塞尔维亚	—	—	—	—	—	—
斯洛伐克	—	35.84	34.93	32.32	33.18	—
斯洛文尼亚	—	47.52	47.53	46.47	46.49	—

数据来源：联合国科教文组织。

表6　留学生流入占比　　　　　　　　　　（%）

国家名称	2016年	2017年	2018年	2019年	2020年	2021年
阿尔巴尼亚	—	—	1.49	1.61	1.72	1.69
波黑	7.30	7.12	7.44	7.12	6.58	6.65
保加利亚	4.57	5.50	6.41	7.19	7.76	—
克罗地亚	0.43	2.89	3.04	3.49	2.95	—
捷克	11.51	12.54	13.61	14.36	14.99	—
希腊	3.35	3.41	3.43	3.50	2.80	—
匈牙利	8.86	9.97	11.41	12.61	13.48	—
黑山	—	—	—	—	—	100.00
北马其顿	—	4.72	5.15	5.19	5.01	—
波兰	3.42	4.12	3.64	3.86	4.47	—
罗马尼亚	4.82	5.18	5.40	5.68	5.99	—
塞尔维亚	4.26	4.43	4.43	4.61	4.72	4.51
斯洛伐克	6.02	6.90	8.03	9.04	10.30	—
斯洛文尼亚	3.31	3.88	4.47	6.67	7.79	—

数据来源：联合国科教文组织。

（三）人才竞争力

表7 人才竞争力排名

国家名称	2015—2016年	2017年	2018年	2019年	2020年	2021年	2022年
阿尔巴尼亚	85	80	78	75	76	73	65
波黑	55	78	89	86	101	91	88
保加利亚	44	49	47	54	55	46	50
克罗地亚	43	45	48	55	59	52	46
捷克	20	23	25	25	25	24	21
希腊	49	43	42	44	47	43	40
匈牙利	31	41	52	53	52	42	37
黑山	45	44	58	51	53	49	47
北马其顿	46	50	59	未参与排名	89	79	68
波兰	38	38	39	42	44	40	39
罗马尼亚	52	55	64	69	64	55	54
塞尔维亚	50	60	69	68	58	58	52
斯洛伐克	27	37	40	41	39	38	35
斯洛文尼亚	26	27	28	29	31	26	28

数据来源：欧洲工商管理学院，《全球人才竞争力指数》。

（四）外国直接投资净流入

表8 外国直接投资净流入占GDP比重　　　　　　　　　　（%）

国家名称	2015年	2016年	2017年	2018年	2019年	2020年	2021年
阿尔巴尼亚	8.69	8.81	7.86	7.95	7.80	7.07	6.68
波黑	2.36	1.85	2.82	2.98	2.22	2.17	2.73
保加利亚	4.37	2.76	3.39	2.73	3.22	5.12	2.53

(续表)

国家名称	2015年	2016年	2017年	2018年	2019年	2020年	2021年
克罗地亚	0.07	0.81	0.80	2.11	6.32	2.17	6.76
捷克	0.90	5.53	5.14	3.34	4.26	3.46	2.70
希腊	0.65	1.40	1.72	1.90	2.44	1.75	2.85
匈牙利	−4.21	54.18	−8.48	−40.09	60.19	106.60	16.14
黑山	17.26	5.18	11.54	8.82	7.53	11.13	11.84
北马其顿	2.95	5.15	3.37	5.11	4.36	0.06	5.04
波兰	3.27	3.78	2.29	3.26	2.96	3.19	5.46
罗马尼亚	2.43	3.37	2.83	3.02	2.93	1.43	4.13
塞尔维亚	5.91	5.79	6.55	8.04	8.29	6.53	7.29
斯洛伐克	1.71	5.27	4.42	2.12	2.16	−1.07	0.83
斯洛文尼亚	4.01	3.23	2.46	2.84	3.96	0.94	3.48

数据来源：世界银行。

（五）专利申请和授权

表9 专利申请和授权总量

国家		2015年		2016年		2017年		2018年		2019年		2020年		2021年	
		申请	授权	申请	授权	申请	授权	申请	授权	申请	授权	申请	授权	申请	授权
阿尔巴尼亚	本国	14	9	22	5	16	—	15	9	6	2	—	—	26	2
	国外	7	3	30	1	2	1	3	3	18	2	3	—	13	5
波黑	本国	—	—	60	—	87	—	84	—	45	—	50	2	53	—
	国外	12	1	8	3	5	3	11	3	16	10	11	1	11	5
保加利亚	本国	313	35	249	47	233	91	212	189	220	198	293	221	208	192
	国外	201	69	178	103	192	101	247	121	246	136	309	148	258	243
克罗地亚	本国	178	15	189	16	158	11	135	15	214	19	139	14	104	10
	国外	72	38	66	64	122	52	66	37	113	64	109	52	200	57
捷克	本国	1 093	650	981	732	997	690	921	580	964	640	880	621	745	537
	国外	1 274	453	1 171	578	1 191	748	1 330	811	1 305	870	1 073	725	1 177	711
希腊	本国	640	277	679	303	600	289	550	276	498	293	536	303	595	308
	国外	514	203	555	197	633	225	587	285	666	393	593	351	792	344

附录Ⅱ 中东欧国家科技创新数据

（续表）

国家		2015年 申请	2015年 授权	2016年 申请	2016年 授权	2017年 申请	2017年 授权	2018年 申请	2018年 授权	2019年 申请	2019年 授权	2020年 申请	2020年 授权	2021年 申请	2021年 授权
匈牙利	本国	668	166	726	151	593	147	529	151	526	183	535	156	553	147
	国外	828	462	815	537	670	486	811	490	923	472	764	570	913	479
黑山	本国	23	6	10	8	—	—	3	11	16	7	5	4	—	—
	国外	7	2	7	1	10	1	13	—	2	2	16	1	7	6
北马其顿	本国	—	—	—	—	—	—	—	—	—	—	48	22	47	44
	国外	1	2	8	6	3	4	1	5	7	2	43	2	26	1
波兰	本国	5 250	2 554	4 675	3 550	4 382	3 011	4 734	3 131	4 361	3 178	4 492	2 538	3 914	3 484
	国外	1 762	611	1 470	786	1 746	797	2 023	842	1 813	913	1 842	1 071	2 002	1 054
罗马尼亚	本国	1 008	300	1 035	368	1 150	409	1 150	365	921	363	872	381	803	372
	国外	228	97	222	130	302	144	351	156	260	146	285	160	311	165
塞尔维亚	本国	182	62	194	51	181	35	172	45	177	60	146	65	159	46
	国外	66	20	85	34	115	29	137	379	113	49	90	78	112	63
斯洛伐克	本国	277	65	263	96	224	77	267	114	248	102	261	94	189	125
	国外	219	96	194	99	217	108	293	107	321	164	308	145	225	181
斯洛文尼亚	本国	—	—	—	—	—	—	738	299	—	—	—	—	—	—
	国外	—	233	—	331	—	266	355	235	—	216	—	278	—	290

数据来源：世界知识产权组织。

表10 进入PCT国家阶段的申请和授权总量

国家名称	2015年 申请	2015年 授权	2016年 申请	2016年 授权	2017年 申请	2017年 授权	2018年 申请	2018年 授权	2019年 申请	2019年 授权	2020年 申请	2020年 授权	2021年 申请	2021年 授权
阿尔巴尼亚	—	—	16	—	1	—	—	—	4	2	—	—	3	3
波黑	—	2	2	2	2	1	2	3	8	9	7	1	2	2
保加利亚	130	40	82	43	113	72	145	89	136	84	171	84	110	164
克罗地亚	52	32	50	62	98	42	58	35	94	59	85	47	168	48
捷克	790	222	600	376	636	428	740	513	646	491	554	405	739	371
希腊	350	141	395	138	445	137	357	214	467	283	356	263	492	261
匈牙利	680	404	670	470	565	422	672	445	807	414	648	528	829	395
黑山	—	—	—	—	—	—	8	—	—	—	15	1	—	—
北马其顿	—	—	—	—	—	—	—	—	—	—	42	1	28	5
波兰	1 012	455	878	603	1 121	537	1 219	582	1 033	608	1 138	660	1 202	647
罗马尼亚	70	30	105	37	117	71	151	67	84	63	89	56	128	60
塞尔维亚	41	6	37	20	67	12	93	45	58	38	61	55	78	42
斯洛伐克	148	66	105	71	123	70	203	70	261	104	226	103	135	130
斯洛文尼亚	—	—	—	—	—	—	219	212	—	—	—	—	—	—

数据来源：世界知识产权组织。

表 11 每千亿美元 GDP 居民申请专利数

国家名称	2015 年	2016 年	2017 年	2018 年	2019 年	2020 年	2021 年
阿尔巴尼亚	41	62	44	39	15	—	64
波黑	—	134	189	176	92	105	104
保加利亚	218	168	153	136	136	189	129
克罗地亚	170	175	141	117	179	127	86
捷克	287	251	242	217	220	214	175
希腊	209	223	195	176	156	185	190
匈牙利	247	262	205	174	165	176	170
黑山	202	86		23	120	44	—
北马其顿	—	—	—	—	—	147	138
波兰	497	429	384	394	346	366	302
罗马尼亚	213	209	216	207	159	157	136
塞尔维亚	165	170	155	141	139	116	118
斯洛伐克	178	166	137	157	142	157	110
斯洛文尼亚	—	—	—	451	—	—	—

数据来源：世界知识产权组织。

表 12 在华发明专利申请和授权数量

国家名称	2015年 申请	2015年 授权	2016年 申请	2016年 授权	2017年 申请	2017年 授权	2018年 申请	2018年 授权	2019年 申请	2019年 授权	2020年 申请	2020年 授权	2021年 申请	2021年 授权
阿尔巴尼亚	—	—	1	—	0	0	0	0	—	—	0	—	0	—
波黑	0	—	0	—	0	0	0	0	0	—	1	—	0	—
保加利亚	9	3	6	5	8	3	13	5	8	7	13	7	11	7
克罗地亚	3	—	3	2	5	0	3	2	6	2	3	2	6	2
捷克	41	14	65	22	44	27	59	33	65	38	59	36	48	52
希腊	18	16	28	6	32	11	23	17	36	14	27	20	38	19
匈牙利	43	22	39	20	28	21	40	17	37	16	31	17	44	32
黑山	—	—	—	—	0	—	0	0	—	—	—	—	—	—
北马其顿	0	0	0	1	0	0	0	1	0	0	1	0	1	0
波兰	81	36	57	48	68	37	90	25	77	45	90	33	87	61
罗马尼亚	0	0	4	2	5	0	5	1	3	2	4	2	7	3
塞尔维亚	2	1	0	2	2	1	6	0	4	1	2	2	8	1
斯洛伐克	11	6	8	6	7	7	15	5	19	7	13	9	6	10
斯洛文尼亚	22	25	25	16	13	23	17	10	25	11	30	13	18	12

数据来源：国家知识产权局统计年报。

(六) 中东欧国家科研机构名单

表13 中东欧国家进入自然指数排行榜部分科研机构名单[①]

国家名称	机构名称
阿尔巴尼亚	地拉那农业大学（UBT） 伊斯梅尔·凯马里大学 公共卫生研究所（ISHP）
波黑	萨拉热窝大学 波斯尼亚和黑塞哥维那科学与艺术学院（ANUBiH） 巴尼亚卢卡大学 莫斯塔尔大学临床医院 图兹拉大学临床中心（UKC Tuzla） 萨拉热窝大学临床中心（UKCS） 塞族共和国公共卫生研究所
保加利亚	索非亚大学圣克利米恩奥赫里斯基分校 保加利亚科学院（BAS） 普罗夫迪夫医科大学 索非亚技术大学 索非亚医科大学 国家传染病和寄生虫病中心（NCIPD） 特拉基亚大学 林业大学（UF） 玛丽萨蔬菜作物研究所（MVCRI） 舒门普雷斯拉夫大学的君士坦丁

---

① 数据来源于自然指数，时间范围为2022年1月1日至12月30日。

（续表）

国家名称	机构名称
克罗地亚	鲁杰博斯科维奇研究所（RBI） 萨格勒布大学 物理研究所（IP） 斯普利特大学 里耶卡大学（UNIRI） 克罗地亚科学、教育和体育部（MSES） 宇宙学和自然哲学研究所 克罗地亚地质调查局 热那亚有限公司 克罗地亚气象水文局
捷克	捷克科学院（CAS） 查尔斯大学（CU） 马萨里克大学（MU） 布拉格化学与技术大学（UCT） （PU） 奥帕瓦西里西亚大学（SLU） 南波西米亚大学 布尔诺理工大学（BUT） 布尔诺孟德尔大学 布拉格捷克技术大学（CTU）
希腊	雅典国立和卡波德斯德大学（UOA） 约阿尼纳大学（UOI） 克里特大学（UOC） 塞萨洛尼基亚里士多德大学（AUTH） 希腊研究与技术基金会（FORTH） 帕特拉大学 雅典国立技术大学（NTUA） （NCSR） 雅典学院 雅典国家天文台（NOA）

(续表)

国家名称	机构名称
匈牙利	匈牙利科学院（HAS） （ELTE） 德布勒森大学 布达佩斯科技与经济大学（BME） 塞格德大学（SZTE） 塞梅尔韦斯大学（SE） 以利胡非营利有限公司 佩克斯大学 帕兹慕尼·彼得天主教大学（PPCU） 匈牙利农业与生命科学大学（MATE）
黑山	黑山大学（UCG） 黑山共和国公共卫生研究所（IPH）
北马其顿	泰托瓦州立大学 马其顿艺术科学院（MASA） 斯科普里圣西里尔和美多迪乌斯大学（UKIM） 马其顿生态学会（MES） 北马其顿共和国公共卫生研究所
波兰	波兰科学院（PAS） 华沙大学（UW） （UJ） （UWr） 波兹南密茨凯维奇大学（AMU） （WRUT） 格但斯克理工大学（GUT） 国家核子研究中心（NCBJ） 西里西亚大学（US） AGH科技大学（AGH UST）

(续表)

国家名称	机构名称
罗马尼亚	蒂米什瓦拉西部大学（UVT）
	（UBB）
	霍里亚葫芦北国立物理与核工程研究所（IFIN HH）
	布加勒斯特大学（UB）
	罗马尼亚学院
	亚历山德鲁·伊万·库扎大学（UAIC）
	空间科学研究所（ISS）
	罗马尼亚国家教育部
	苏恰瓦斯特凡塞尔马雷大学（USV）
	尤利乌·哈西加努医学和药学大学（UMF Cluj）
塞尔维亚	贝尔格莱德大学
	克拉古耶瓦茨大学
	塞尔维亚肿瘤学和放射学研究所（IORS）
	塞尔维亚科学与艺术学院（SANU）
	诺维萨德大学
	尼什大学
	塞尔维亚共和国水文气象研究所
	科萨大学医院医学中心（UHMCBK）
	贝尔格莱德天文台（AOB）
	考古研究所
斯洛伐克	（UK）
	斯洛伐克科学院（SAS）
	斯洛伐克布拉迪斯拉发科技大学（STU）
	特尔纳瓦圣西里尔和美多迪乌斯大学（UCM）
	马泰贝尔大学
	（PChS）
	科希策帕沃尔约瑟夫·沙法里克大学（UPJŠ）
	环境研究所，SRO
	科希策 技术 大学（TUKE）
	斯洛伐克猛禽保护

(续表)

国家名称	机构名称
斯洛文尼亚	卢布尔雅那大学 约瑟夫·斯特凡研究所（IJS） Jožef Stefan 国际研究生院（IPS） 马里博尔大学 EN-FIST 卓越中心 卢布尔雅那大学医学中心 新戈里察大学（UNG） 斯洛文尼亚农业研究所 生物传感器、仪器仪表和过程控制卓越中心（COBIK）

附录Ⅲ 中东欧国家开放创新合作数据[①]

(一) 国际科研合作情况

1. 阿尔巴尼亚

中国、捷克、德国、斯洛文尼亚、西班牙、瑞典、瑞士、英国、美国、澳大利亚是阿尔巴尼亚主要的科研合作伙伴。其中,阿尔巴尼亚与中国的科研合作最为紧密,在两国的科研合作论文中,中国的贡献份额为 0.08,是阿尔巴尼亚贡献份额的 2 倍(图 1)。在中东

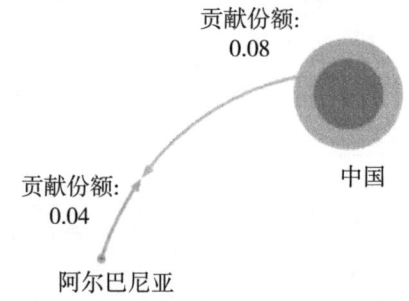

图 1 阿尔巴尼亚与中国在科研合作中的贡献份额关系

[①] 数据来源于自然指数,时间范围为 2022 年 1 月 1 日至 12 月 30 日。自然指数主要采用论文数(COUNT)和贡献份额(SHARE)两种科研产出计算方法,其中论文数是指一篇文章不论有一个还是多个作者,每位作者所在的国家/地区或机构都获得 1 分,贡献份额采用分数式计量方法计算每篇论文作者的贡献份额。

欧国家内部科研合作中，阿尔巴尼亚与捷克、斯洛文尼亚的关系密切。

2. 波黑

德国、美国、克罗地亚、日本、瑞士、斯洛文尼亚、韩国、澳大利亚、加拿大、荷兰是波黑主要的科研合作伙伴。中国与波黑的科研合作紧密程度位列第二十三位，在两国的科研合作论文中，中国的贡献份额为0.04，是波黑贡献份额的4倍（图2）。在中东欧国家内部科研合作中，波黑与克罗地亚、斯洛文尼亚的关系密切。

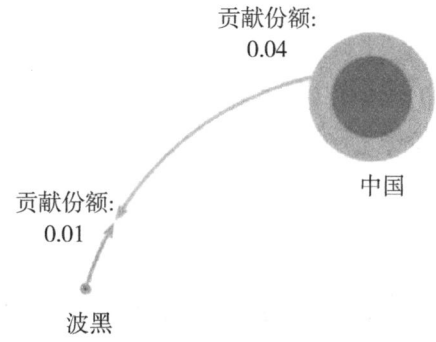

图2 波黑与中国在科研合作中的贡献份额关系

3. 保加利亚

德国、美国、比利时、西班牙、中国台湾、意大利、法国、爱尔兰、巴西、波兰是保加利亚主要的科研合作伙伴。中国与保加利亚的科研合作紧密程度位列第十五位，在两国的科研合作论文中，中国的贡献份额为4.33，远大于保加利亚的贡献份额（图3）。在中东欧国家内部科研合作中，保加利亚与波兰的关系密切。

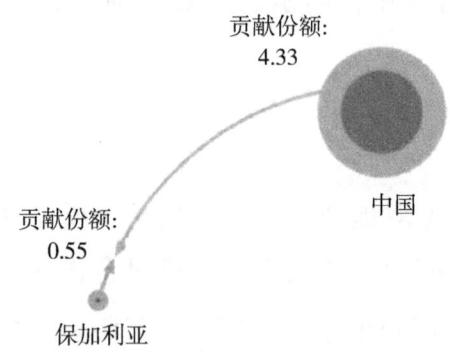

图 3　保加利亚与中国在科研合作中的贡献份额关系

4. 克罗地亚

美国、意大利、德国、瑞士、英国、日本、斯洛文尼亚、法国、波兰、澳大利亚是克罗地亚主要的科研合作伙伴。中国与克罗地亚的科研合作紧密程度位列第十八位,在两国的科研合作论文中,中国的贡献份额为4.36,远大于克罗地亚的贡献份额(图4)。在中东欧国家内部科研合作中,克罗地亚与斯洛文尼亚、波兰的关系密切。

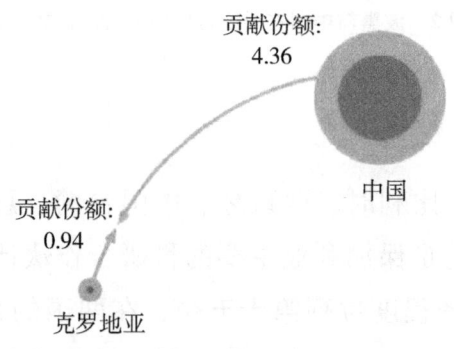

图 4　克罗地亚与中国在科研合作中的贡献份额关系

5. 捷克

德国、美国、英国、意大利、法国、澳大利亚、西班牙、中国、中国台湾、韩国是捷克主要的科研合作伙伴。其中,中国与捷克的科研合作紧密程度位列第八位,在两国的科研合作论文中,中国的贡献份额为30.99,是捷克贡献份额的近3倍(图5)。与捷克科研合作紧密程度排名前十的伙伴中尚未有中东欧国家。

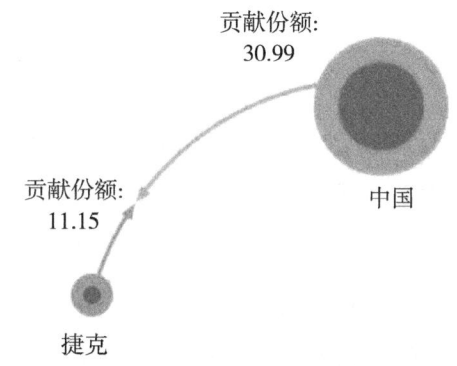

图5 捷克与中国在科研合作中的贡献份额关系

6. 希腊

美国、德国、英国、法国、意大利、西班牙、中国、瑞士、荷兰、塞浦路斯是希腊主要的科研合作伙伴。其中,中国与希腊的科研合作紧密程度位列第七位,在两国的科研合作论文中,中国的贡献份额为12.17,是希腊贡献份额的近2倍(图6)。与希腊科研合作紧密程度排名前十的伙伴中尚未有中东欧国家。

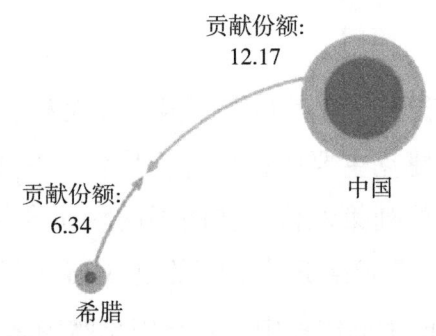

图 6　希腊与中国在科研合作中的贡献份额关系

7. 匈牙利

德国、美国、英国、法国、意大利、西班牙、瑞典、瑞士、荷兰、日本是匈牙利主要的科研合作伙伴。中国与匈牙利的科研合作紧密程度位列第十四位,在两国的科研合作论文中,中国的贡献份额为14.19,是匈牙利贡献份额的4倍多(图7)。与匈牙利科研合作紧密程度排名前十的伙伴中尚未有中东欧国家。

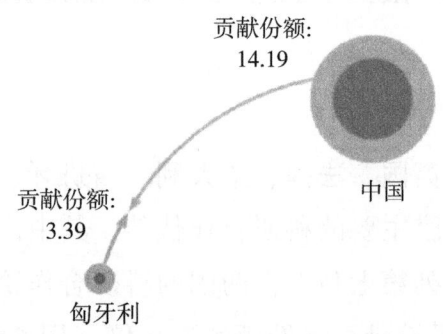

图 7　匈牙利与中国在科研合作中的贡献份额关系

8. 黑山

比利时、中国、德国、意大利、英国、俄罗斯、捷克、法国、波兰、瑞士是黑山主要的科研合作伙伴。其中，中国与黑山的科研合作紧密程度较强，位列第二位，在两国的科研合作论文中，中国的贡献份额为0.90，远大于黑山的贡献份额（图8）。在中东欧国家内部科研合作中，黑山与捷克、波兰的关系密切。

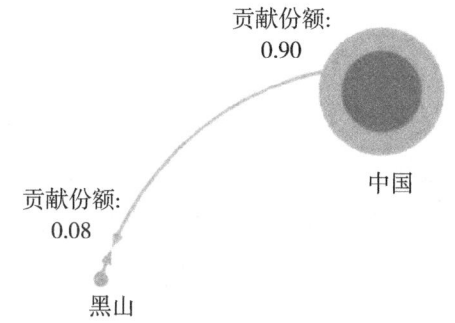

图8　黑山与中国在科研合作中的贡献份额关系

9. 北马其顿

巴基斯坦、中国、日本、乌兹别克斯坦、美国、法国、意大利、埃及、爱沙尼亚、土耳其是北马其顿主要的科研合作伙伴。其中，中国与北马其顿的科研合作紧密程度较强，位列第二位，在两国的科研合作论文中，中国的贡献份额为2.17，是北马其顿贡献份额的近3倍（图9）。与北马其顿科研合作紧密程度排名前十的伙伴中尚未有中东欧国家。

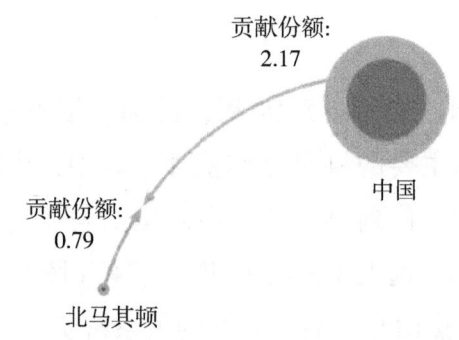

图 9　北马其顿与中国在科研合作中的贡献份额关系

10. 波兰

美国、德国、法国、英国、意大利、西班牙、中国、瑞士、日本、荷兰是波兰主要的科研合作伙伴。其中，中国与波兰的科研合作紧密程度位列第七位，在两国的科研合作论文中，中国的贡献份额为47.35，是波兰贡献份额的3倍多（图10）。与波兰科研合作紧密程度排名前十的伙伴中尚未有中东欧国家。

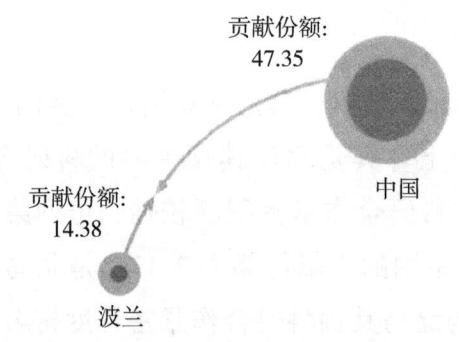

图 10　波兰与中国在科研合作中的贡献份额关系

11. 罗马尼亚

美国、德国、中国、意大利、西班牙、法国、匈牙利、加拿大、荷兰、英国是罗马尼亚主要的科研合作伙伴。其中，中国与罗马尼亚的科研合作紧密程度位列第三位，在两国的科研合作论文中，中国的贡献份额为11.48，是罗马尼亚贡献份额的3倍多（图11）。在中东欧国家内部科研合作中，罗马尼亚与匈牙利的关系密切。

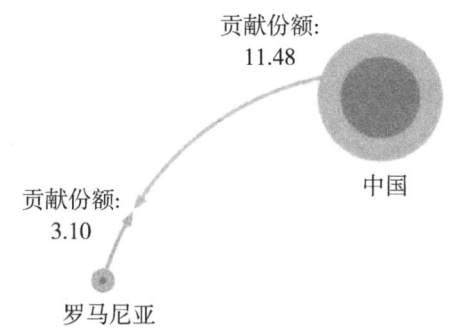

图11　罗马尼亚与中国在科研合作中的贡献份额关系

12. 塞尔维亚

德国、意大利、美国、西班牙、澳大利亚、荷兰、英国、希腊、法国、巴西是塞尔维亚主要的科研合作伙伴。中国与塞尔维亚的科研合作紧密程度位列第十四位，在两国的科研合作论文中，中国的贡献份额为2.55，是塞尔维亚贡献份额的5倍多（图12）。在中东欧国家内部科研合作中，塞尔维亚与希腊的关系密切。

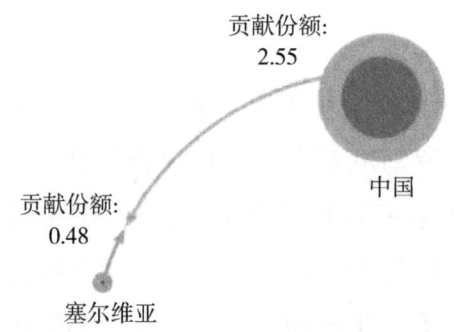

图 12　塞尔维亚与中国在科研合作中的贡献份额关系

13. 斯洛伐克

捷克、美国、西班牙、瑞士、德国、波兰、澳大利亚、匈牙利、法国、意大利是斯洛伐克主要的科研合作伙伴。中国与斯洛伐克的科研合作紧密程度位列第十二位，在两国的科研合作论文中，中国的贡献份额为 4.24，是斯洛伐克贡献份额的 4 倍多（图 13）。在中东欧国家内部科研合作中，斯洛伐克与波兰、匈牙利的关系密切。

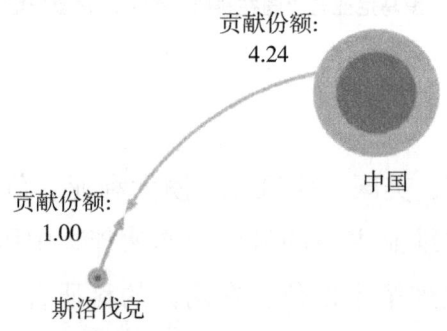

图 13　斯洛伐克与中国在科研合作中的贡献份额关系

14. 斯洛文尼亚

法国、德国、美国、瑞士、中国、意大利、日本、澳大利亚、捷克、波兰是斯洛文尼亚主要的科研合作伙伴。其中，中国与斯洛文尼亚的科研合作紧密程度位列第五位，在两国的科研合作论文中，中国的贡献份额为4.99，大于斯洛文尼亚的3.16（图14）。在中东欧国家内部科研合作中，斯洛文尼亚与捷克、波兰的关系密切。

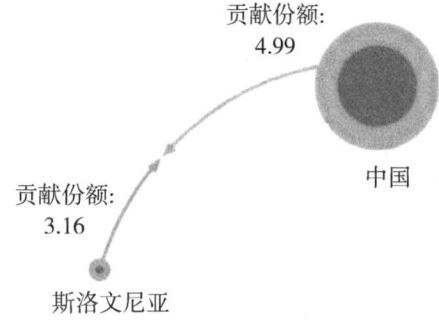

图14 斯洛文尼亚与中国在科研合作中的贡献份额关系

(二) 与中国贸易投资情况

表 1 中国对中东欧国家进出口贸易情况

(亿元)

年份		阿尔巴尼亚	保加利亚	北马其顿	波黑	波兰	黑山	捷克	克罗地亚	罗马尼亚	塞尔维亚	斯洛伐克	斯洛文尼亚	希腊	匈牙利
2014年	进出口	34.94	133.02	10.32	19.76	1 056.42	12.98	675.21	69.30	291.99	32.99	381.42	142.82	278.35	554.87
	出口	23.30	72.41	4.71	17.46	875.86	9.65	491.15	63.10	198.17	26.08	173.86	122.39	257.08	354.09
	进口	11.65	60.62	5.61	2.30	180.56	3.33	184.06	6.20	93.82	6.91	207.56	20.43	21.27	200.78
2015年	进出口	34.74	111.33	13.64	7.16	1061.28	9.83	685.12	68.06	277.01	34.09	312.93	147.89	245.41	501.72
	出口	26.75	64.81	5.40	3.82	890.88	8.32	51.21	61.11	196.39	25.75	174.05	129.89	227.68	322.78
	进口	7.99	46.52	8.24	3.33	170.40	1.51	17.31	6.96	80.62	8.33	138.88	18.00	17.73	178.95
2016年	进出口	41.87	108.50	9.02	7.11	1 163.52	9.32	726.70	77.68	323.50	39.19	348.01	178.64	295.98	586.75
	出口	33.32	69.61	5.94	4.22	996.04	7.15	531.82	66.98	227.44	28.46	188.91	149.74	277.20	357.65
	进口	8.55	38.88	3.08	2.89	167.49	2.17	19.49	10.70	96.07	10.73	159.10	28.89	18.77	229.10
2017年	进出口	44.14	144.70	11.15	9.19	1 436.92	13.44	844.07	90.94	379.05	51.23	359.82	228.76	350.39	685.43
	出口	30.77	79.14	5.28	5.34	1 210.57	8.95	594.74	78.60	255.90	36.92	184.93	195.37	321.42	409.90
	进口	13.37	65.56	5.87	3.85	226.35	4.49	249.33	12.34	12.32	14.32	17.49	33.39	28.97	275.53

(续表)

年份		阿尔巴尼亚	保加利亚	北马其顿	波黑	波兰	黑山	捷克	克罗地亚	罗马尼亚	塞尔维亚	斯洛伐克	斯洛文尼亚	希腊	匈牙利
2018年	进出口	42.59	170.82	10.33	12.31	1 620.13	14.39	1 080.40	101.36	440.02	62.81	515.55	329.27	466.00	715.86
	出口	35.53	94.98	7.11	7.19	1 379.30	11.66	790.47	87.37	297.01	48.05	167.62	290.33	428.66	430.12
	进口	7.06	75.84	3.21	5.12	240.83	2.73	289.93	13.99	143.01	14.77	347.93	38.95	37.34	285.73
2019年	进出口	48.51	187.36	19.48	13.24	1 918.58	10.83	1 215.09	106.18	475.66	96.32	61.20	270.60	583.33	704.36
	出口	41.41	107.24	9.21	7.92	1 646.75	7.83	895.97	96.19	315.23	7.14	20.19	235.01	533.33	446.12
	进口	7.09	80.12	10.27	5.32	271.18	2.99	31.91	9.99	160.42	24.93	410.12	35.59	50.00	258.24
2020年	进出口	45.28	201.99	26.50	13.37	2 149.76	11.84	1 304.84	118.22	537.52	147.17	654.82	274.19	540.98	809.82
	出口	39.71	107.14	10.85	8.36	1 850.90	7.80	950.33	108.70	355.18	112.70	209.58	239.08	487.63	513.70
	进口	5.57	94.86	15.65	5.01	298.90	3.98	354.52	9.52	182.34	34.47	445.24	35.11	53.36	296.12
2021年	进出口	48.89	265.49	38.79	17.78	2 722.76	6.96	1 367.38	149.76	660.43	209.23	781.66	387.46	785.16	1 015.86
	出口	38.26	149.32	14.49	8.86	2 364.45	6.21	975.91	127.81	433.53	144.88	293.71	346.50	722.31	655.79
	进口	10.63	116.17	24.31	8.92	358.32	0.75	391.46	21.95	226.90	64.34	487.95	40.96	62.86	360.07
2022年	进出口	59.39	274.14	27.39	20.51	2 878.57	17.55	1 579.21	161.32	698.05	235.97	807.60	496.04	919.82	1 034.93
	出口	47.14	189.78	15.58	12.40	2 541.45	14.39	1 218.05	150.77	493.26	144.70	296.34	456.86	863.97	698.22
	进口	12.25	84.36	11.81	8.11	337.12	3.16	361.16	10.55	204.80	91.28	511.26	39.18	55.85	336.71

数据来源：中国海关总署。

表 2　中国对中东欧国家各年直接投资流量情况　　（单位：万美元）

国家名称	2013 年	2014 年	2015 年	2016 年	2017 年	2018 年	2019 年	2020 年	2021 年
阿尔巴尼亚	56	—	—	1	21	172	69	10	—
波黑	—	—	162	85	—	—	1 219	858	482
保加利亚	2 068	2 042	5 916	-1 503	8 887	-168	246	57	25
克罗地亚	—	355	—	22	3 184	2 239	2 869	15 446	1 515
捷克	1 784	246	-1 741	185	7 295	11 302	6 053	5 279	-2 539
希腊	190	—	-137	2 939	2 857	6 030	57	717	656
匈牙利	2 567	3 402	2 320	5 746	6 559	9 495	12 315	-415	5 353
黑山	—	—	—	—	1 665	1 272	2 266	6 725	5 909
北马其顿	—	—	-1	—	—	183	-1 338	-400	272
波兰	1 834	4 417	2 510	-2 411	-433	11 783	11 160	14 256	2 941
罗马尼亚	217	4 225	6 332	1 588	1 586	157	8 411	1 310	513
塞尔维亚	1 150	1 169	763	3 079	7 921	15 341	3 360	13 931	20 576
斯洛伐克	33	4 566	—	—	68	1 462	-53	20	33
斯洛文尼亚	—	—	2 186	39	1 382	2 684	-13 294	304	

数据来源：《2021 年度中国对外直接投资统计公报》。

（三）中东欧国家与中国科研合作的主要学科

表 3　阿尔巴尼亚与中国科研合作主要学科

序号	合作领域	合作论文数	CNCI
1	数学	45	4.46
2	临床医学	29	10.15
3	环境与生态	10	1.46
4	地球科学	9	1.53
5	精神病学与心理学	9	1.40
6	化学	4	0.55
7	微生物学	4	6.57
8	动植物学	4	3.89
9	工程学	3	0.40
10	免疫学	3	2.26

(续表)

序号	合作领域	合作论文数	CNCI
11	农业科学	2	2.33
12	生物学与生物化学	2	0.26
13	计算机科学	2	2.60
14	材料科学	2	0.67
15	社会科学	2	0.69

数据来源：WoS 数据库。

表4 波黑与中国科研合作主要学科

序号	合作领域	合作论文数	CNCI
1	临床医学	52	15.42
2	数学	15	2.18
3	精神病学与心理学	15	2.20
4	工程学	10	1.51
5	环境与生态	9	3.31
6	社会科学	7	8.82
7	生物学与生物化学	5	2.55
8	化学	5	3.40
9	分子生物学与遗传学	5	1.65
10	物理学	4	2.71
11	动植物学	4	6.90
12	计算机科学	2	2.58
13	免疫学	2	2.04
14	农业科学	1	11.14
15	材料科学	1	0.59

数据来源：WoS 数据库。

表5 保加利亚与中国科研合作主要学科

序号	合作领域	合作论文数	CNCI
1	物理学	1 504	2.75
2	化学	198	1.50
3	临床医学	183	19.22

(续表)

序号	合作领域	合作论文数	CNCI
4	工程学	116	0.84
5	动植物学	83	2.98
6	空间科学	78	1.51
7	精神病学与心理学	72	4.28
8	环境与生态	46	4.97
9	分子生物学与遗传学	41	8.74
10	生物学与生物化学	39	1.97
11	地球科学	37	1.85
12	数学	29	1.24
13	免疫学	27	2.54
14	材料科学	25	1.16
15	农业科学	24	1.82

数据来源：WoS 数据库。

表6　克罗地亚与中国科研合作主要学科

序号	合作领域	合作论文数	CNCI
1	物理学	1 601	2.77
2	临床医学	293	13.18
3	化学	158	2.00
4	工程学	157	1.67
5	分子生物学与遗传学	89	9.02
6	环境与生态	80	2.08
7	空间科学	78	2.90
8	材料科学	69	0.81
9	动植物学	68	5.30
10	精神病学与心理学	66	3.87
11	数学	46	1.09
12	社会科学	43	3.99
13	生物学与生物化学	40	2.36
14	地球科学	40	1.60
15	免疫学	38	3.47

数据来源：WoS 数据库。

附录Ⅲ 中东欧国家开放创新合作数据

表7 捷克与中国科研合作主要学科

序号	合作领域	合作论文数	CNCI
1	物理学	3 686	2.36
2	动植物学	731	2.73
3	临床医学	710	9.11
4	化学	688	1.77
5	材料科学	588	1.49
6	工程学	572	1.46
7	环境与生态	499	2.36
8	地球科学	314	2.44
9	空间科学	209	3.81
10	分子生物学与遗传学	187	4.42
11	生物学与生物化学	185	3.55
12	数学	168	1.33
13	农业科学	142	1.70
14	计算机科学	124	1.00
15	药理学与毒理学	117	1.48

数据来源：WoS 数据库。

表8 希腊与中国科研合作主要学科

序号	合作领域	合作论文数	CNCI
1	物理学	2 975	2.47
2	临床医学	1 067	9.06
3	工程学	588	1.84
4	化学	482	1.80
5	计算机科学	312	2.76
6	空间科学	267	3.18
7	材料科学	236	1.35
8	地球科学	233	2.40
9	环境与生态	225	2.96
10	分子生物学与遗传学	193	6.44
11	数学	183	3.14
12	生物学与生物化学	128	3.43

(续表)

序号	合作领域	合作论文数	CNCI
13	精神病学与心理学	107	2.74
14	免疫学	105	3.93
15	社会科学	96	1.65

数据来源：WoS 数据库。

表 9　匈牙利与中国科研合作主要学科

序号	合作领域	合作论文数	CNCI
1	物理学	3 210	3.09
2	临床医学	560	10.19
3	化学	480	1.44
4	空间科学	332	4.72
5	工程学	318	1.39
6	动植物学	310	3.03
7	材料科学	195	1.51
8	环境与生态	171	2.65
9	地球科学	133	2.21
10	分子生物学与遗传学	129	5.85
11	生物学与生物化学	121	3.35
12	数学	110	1.22
13	精神病学与心理学	101	3.26
14	社会科学	95	2.64
15	药理学与毒理学	75	1.24

数据来源：WoS 数据库。

表 10　黑山与中国科研合作主要学科

序号	合作领域	合作论文数	CNCI
1	物理学	131	1.54
2	临床医学	16	14.65
3	数学	15	0.57
4	化学	10	1.94
5	工程学	8	0.41

(续表)

序号	合作领域	合作论文数	CNCI
6	经济学与商学	6	1.38
7	计算机科学	3	1.05
8	精神病学与心理学	3	6.59
9	农业科学	2	2.36
10	生物学与生物化学	2	0.41
11	环境与生态	2	1.51
12	地球科学	2	1.68
13	免疫学	2	2.47
14	分子生物学与遗传学	2	0.04
15	动植物学	2	1.80

数据来源：WoS 数据库。

表 11　北马其顿与中国科研合作主要学科

序号	合作领域	合作论文数	CNCI
1	临床医学	65	7.97
2	物理学	54	1.73
3	工程学	36	1.32
4	分子生物学与遗传学	20	8.74
5	免疫学	16	4.70
6	环境与生态	15	1.62
7	计算机科学	11	1.27
8	动植物学	10	4.01
9	社会科学	8	1.49
10	化学	7	0.36
11	数学	6	1.32
12	精神病学与心理学	6	3.33
13	材料科学	4	0.53
14	微生物学	4	6.42
15	药理学与毒理学	4	0.46

数据来源：WoS 数据库。

表 12 波兰与中国科研合作主要学科

序号	合作领域	合作论文数	CNCI
1	物理学	4 677	2.74
2	临床医学	1 289	9.59
3	工程学	1 014	1.88
4	化学	944	1.61
5	空间科学	850	4.33
6	材料科学	753	1.32
7	环境与生态	422	1.90
8	数学	394	2.26
9	计算机科学	382	2.11
10	动植物学	334	2.81
11	地球科学	325	1.61
12	生物学与生物化学	284	2.18
13	分子生物学与遗传学	249	4.35
14	精神病学与心理学	198	4.93
15	农业科学	178	1.43

数据来源：WoS 数据库。

表 13 罗马尼亚与中国科研合作主要学科

序号	合作领域	合作论文数	CNCI
1	物理学	2 744	2.46
2	数学	656	3.78
3	临床医学	536	12.68
4	工程学	418	1.60
5	化学	310	1.22
6	材料科学	155	0.87
7	精神病学与心理学	155	3.77
8	环境与生态	143	2.91
9	地球科学	115	2.27
10	空间科学	98	9.89
11	计算机科学	89	1.66
12	免疫学	69	3.29

(续表)

序号	合作领域	合作论文数	CNCI
13	分子生物学与遗传学	66	3.74
14	社会科学	60	3.07
15	神经科学与行为学	59	4.97

数据来源：WoS 数据库。

表 14　塞尔维亚与中国科研合作主要学科

序号	合作领域	合作论文数	CNCI
1	物理学	2 137	2.74
2	临床医学	359	16.01
3	数学	273	1.89
4	工程学	184	1.44
5	化学	162	1.84
6	材料科学	78	0.87
7	空间科学	66	1.96
8	计算机科学	63	2.31
9	精神病学与心理学	62	5.09
10	环境与生态	58	3.90
11	生物学与生物化学	47	5.16
12	药理学与毒理学	42	1.17
13	地球科学	38	2.17
14	农业科学	35	4.57
15	免疫学	35	5.41

数据来源：WoS 数据库。

表 15　斯洛伐克与中国科研合作主要学科

序号	合作领域	合作论文数	CNCI
1	物理学	1 802	2.37
2	工程学	261	1.14
3	临床医学	177	24.60
4	化学	156	1.30
5	材料科学	141	1.00

（续表）

序号	合作领域	合作论文数	CNCI
6	数学	126	2.90
7	动植物学	87	4.26
8	环境与生态	82	3.56
9	生物学与生物化学	76	1.56
10	地球科学	61	1.59
11	精神病学与心理学	47	3.20
12	空间科学	46	3.86
13	计算机科学	42	0.58
14	社会科学	40	3.65
15	微生物学	28	2.72

数据来源：WoS 数据库。

表 16　斯洛文尼亚与中国科研合作主要学科

序号	合作领域	合作论文数	CNCI
1	物理学	1 729	2.45
2	临床医学	236	9.37
3	化学	235	1.21
4	工程学	231	1.17
5	数学	157	1.99
6	材料科学	114	1.07
7	动植物学	86	2.48
8	计算机科学	83	1.70
9	环境与生态	80	3.03
10	空间科学	68	9.64
11	地球科学	50	1.55
12	分子生物学与遗传学	43	7.54
13	生物学与生物化学	41	7.18
14	微生物学	30	3.50
15	免疫学	29	3.33

数据来源：WoS 数据库。

后　　记

当今世界正经历百年未有之大变局，科技创新是关键变量、开放合作是重要参数。高质量的开放创新合作需要产学研各界、国际组织和智库、政策制定者等多元主体的广泛参与和共同努力。

中国城市与中东欧国家的开放创新合作，是中国—中东欧国家合作机制的缩影。无论国际风云如何变幻，都要以落实北京峰会共识为主线，推动创新合作向更加坚韧、协调、开放、普惠方向发展。本报告中初步尝试构建了"中国（城市）—中东欧开放创新合作"指数体系，给出了24个中国城市与中东欧国家开放创新合作的指数表现，希望为促进和提升中国—中东欧的开放创新合作水平和质量提供有益参考。

2023年将开启中国—中东欧国家合作新的十年。站在新的起点上，为推动中国创新城市和中东欧国家的联动发展，报告编写组呼吁中国各主要城市进一步深化与中东欧国家的政府间和民间互动，不断拓展创新合作领域，携手应对全球性问题与挑战，面向民生福祉、聚焦绿色发展、推动产业升级，聚焦共同感兴趣的领域开展联合研发、产业合作和人文交流，并加强科技创新政策对话和沟通协调。同时，中国城市应持续丰富与中东欧国家创新城市的交流往来形式，互学互鉴城市可持续发展经验，以创新合作赋能彼此可持续发展，以创新合作引领彼此经济发展、社会进步、民生改善，为构建中国与中东欧国家人类命运共同体作出积极贡献。

最后，我们诚挚地邀请城市管理者、专家学者、企业家及社会组织等各界同仁积极参与中国—中东欧开放创新合作指数的研制，共享数据资料，也欢迎大家对报告提出宝贵的意见和建议。

报告编写组
2023 年 9 月